男がつらい!

—資本主義社会の「弱者男性」論—

杉田俊介

ワニブックス
|PLUS|新書

まえがき

この本は「弱さ」に苦しむ「男」たちのために書きました。

「男」たちは男性であることの特権を批判されます。無意識のうちに差別に加担していると言われます。ただ生きているということにどこか後ろめたさを感じている人も多いのかもしれません。

けれども、日々の生活が幸福には思えない。自由を感じられない。生まれながらに何かを剥奪されている気さえする。生きるのが苦しい。つらい。生まれてこなければよかった……正直、そんな風に感じることがある。

そうした「男」としての不幸について、日々のくらしの労苦について、それを的確に正しく語るための言葉がないのではないか。自分のつらさをうまく言葉にできない。絶望や孤独を口にすることさえ、どこかうわすべりしていく。

言葉にできない苦しさ、誰かと語り合うことのできない不幸に耐えている。日々を忍耐している。そうやって人生が過ぎていく。年老いていく。どうすればいいのかわからない……。

こうした意味での「弱さ」を抱えた男性たちのことを考えるために、このささやかな本を書いてみました。

現代の資本主義と自由主義の流れの中で置き去りにされ、「残りのもの」にされ、〝生きる〟ともなく〝生き延びて〟いる男性たち——そんな弱者男性たちのことを想って、私自身が弱さを抱えた一人の男性として、この本を書きました。

それが若者たちだけの話だとも思いません。中年男性（おじさん）たちにも、高齢男性たちにも、社会的な弱さを強いられた人々がいるはずです。十分に自覚も解消もできない孤独感、根無し感、剥奪感に苦しめられる男性たちがこの世界にはたくさんいるはずです。

勇気づける、というのとは少し違います。慰めるというのでもありません。むしろ、弱者男性の皆さんは、この本を読んで怒りを感じるかもしれない。受け入れがたいものを感じ、お前は何もわかっていない、と批判したくなるのではないか。

それでよいのだと思います。

そのほうがよい、とすら思います。

今を生きる弱者男性たちの声を私は聞きたいからです。

本当の声を聞かせてほしい。そして知りたい。「男」たちの日々の戸惑いも。涙を流せずに泣いている悲しみも。全部壊したいという怒りも。

自分のなかの弱さ、不幸、絶望を言葉にし、それを社会化＝公共化していくということは、同時に、自分の中の言葉にはならないものを、つまり沈黙（暗黒）の部分を、本当の意味で大事にすることでもあるはずです。自分の中の不幸をある面では誰にも明け渡さないでいること、そこに個々の生の尊厳があり、かけがえのなさもあるでしょう。

私は自分の心を尽くし、力を尽くし、思いを尽くして、男性の中の弱さについて、この私自身の弱さについて本書の中で語ってみました。それを言葉にしました。怒りを表現しました。何かをたたき割りたかった。

それによって同時に、私自身の中の決して言葉にならないものを、沈黙を、まっくらなものを、自分でも初めて自覚的にえぐりだしてみようと考えました。

私のこの本は、もちろん、ごくちっぽけなもの、現代の資本主義社会の中では無に等しいほど小さなものにすぎません。

それでも、いつか誰かの声が共鳴するのを待ちたいと思います。誰とも分かち合えない日々の労苦、不幸、暗黒たちがこの世界の中でかすかに響き合えばよい、と。

——そしてこんなふうに考えました。

間違ったニセの「敵」への憎しみではなく、せめてこの社会に対する怒りを。

男のプライドをなげうって、ちっぽけだけれどもかけがえのないあなた自身への愛を。

自らを尊重する心を。

弱さに苦しむ「男」たちの声にならない声たちよ、叫び声よ、巻き起これ。響き渡れ。

まっくらな不幸たちよ、この地上に星座を描け。

「男」たちよ、水子たちの産声のように、泣き喚け。

男がつらい！

目次

第3章　弱者男性たちの怒りと叫び

第4章　男たちは正しく傷つけるのか――濱口竜介・村上春樹・チェーホフ……145

第1章　弱者男性たちが置き去りにされていく

映画『ジョーカー』が映す弱者男性の人生

どこにも救いがなく、惨めで、ひたすらつらく、光の当たらない人生がある。「男」たちの中にもまた、そういう絶望がある。せめてそのことを想像してほしい。べつに同情してくれとは思わない。助けてくれなくてもいい。ただ、想像し、理解することくらいはしてほしい。そういう苦悶の声。声にならない叫び……。

トッド・フィリップス監督『ジョーカー』(二〇一九年)は、現代社会の「弱者男性」が置かれた状況を象徴するような映画だった。

『ジョーカー』の舞台は、一九七〇年代の荒れ果てたニューヨークを思わせるゴッサム・シティ。主人公のアーサー・フレック(ホアキン・フェニックス)は、ピエロのアルバイトで日銭を稼いで生きる男性である。

映画は、そんな彼が、アメコミDCシリーズのスーパーヴィラン(敵)であるジョーカーとして覚醒していくまでの過程を描く。

本作は世界中で大ヒットし、ヴェネチア国際映画祭の最高賞を受賞。模倣犯の出現が懸念され、警察や軍隊が警戒態勢を強化するなど、現実とフィクションが入り乱れるような影響力を持った。

『ジョーカー』は、マーティン・スコセッシ監督の『タクシードライバー』（一九七六年）と『キング・オブ・コメディ』（一九八二年）を大きく参照している。ここには、かつてジョン・ヒンクリー・ジュニアという男が『タクシードライバー』の主人公トラヴィス（ロバート・デ・ニーロ）にも影響を受けつつレーガン大統領暗殺を企てた、という経緯なども関係している。

大まかな概要を紹介しておこう。

すでに四〇歳近い年齢になったアーサーは、認知症を患う母親をひとりで介護しながら、恋人もおらず友人もいない、貧しく孤独な生活を送っている。

アーサーは、「どんな時でも笑顔で人々を楽しませなさい」という母親の言葉を胸に秘め、スタンダップ・コメディ（マイクが一本置かれたステージに演者一人で立ち、社会風刺や皮肉を織り交ぜながら、観客に向けてしゃべりかけるスタイルの伝統的な話芸）

での成功を夢見ている。

しかしアーサーは、周囲の空気を壊して発作的に笑い出す、という障害を抱えていて、定期的に薬を飲んだり、カウンセリングを受けたりしなければならない。さらに物語の途中で、ゴッサム・シティの財政難から、それらの行政の支援も打ち切られてしまう。

『ジョーカー』は、様々な視点から読み解くことのできる作品だ。

ひとまずここでは、経済格差や障害者差別、家族介護の問題などが複雑に絡みあっていく状況の中で、ひとりの男性がいかにして追い込まれ、社会の片隅に置かれ（＝周縁化され）、「弱者男性」化されてしまうか――そうした現代的なテーマを正面から扱った作品として受け止めてみたい。

アーサーは、現代の弱者男性のシンボルである、と言おう。

複合的な要因から生じたアーサーの貧困（経済的貧困、失業、血縁・親族の支えがない、母親の要介護、被虐待経験、脳の障害、教育の不足……）に対しては、福祉国家による再分配の機能、あるいは社会的支援が十分に届いていない。

そんなアーサーに対し、次のような批判がしばしば見られた。いくら貧困のどん底にあり、悲惨な状況にあったとしても、彼は黒人や有色人種ではなく白人男性であり、また女性や性的マイノリティでもない、その点では本当の意味での犠牲者や被害者ではない……と。

現代は社会的な差別や不平等を是正することを求める政治的正しさ（PC、ポリティカル・コレクトネス）が重要視される時代である。だから、『ジョーカー』に対してそうした疑問や批判が寄せられるのも、当然のことだ。

とはいえ、義理の父親から脳を損傷するほどの虐待を受けたサバイバーで、周りから理解されにくい障害があり、認知症の母親を家族介護せねばならず、福祉と医療を打ち切られ、貧困状態にある中年男性に対して、彼が「男」であるという一点において、そのような批判や非難が投げつけられてしまうとは、どういうことなのだろう。

そこでは、苦境に置かれた男性の中の弱さ、脆弱《ぜいじゃく》性、社会的なコミュニケーションの中に入ってこられない声なき叫び声が、この世界に存在しないものとして、かき消されてしまっている。

そもそも、アーサーのような意味での弱者男性たちの鬱屈や困窮をうまく捉えられず、どこにも位置づけることができないということ、そこに現代社会の深刻な問題点があるのかもしれない。

それぞれの複雑な理由によって貧困、剥奪感、尊厳破壊などを背負わされた「弱者男性」たちの絶望と苦悶を的確に論じるための言葉や理論が、いまだに存在していないのではないか。

アーサーのような存在は、マイノリティともマジョリティともつかない、ある種の曖昧な存在であり、境界的な存在であると言える。

こうした曖昧で見えにくく、境界的な弱者性のあり方こそが、現代社会の問題点の最前線（の一つ）なのではないだろうか。

マジョリティでもなくマイノリティでもなく、あるいは（一％の超富裕層が九九％の多数派を支配すると言われるときの）一％でもなく九九％でもない、「残余＝無」（スラヴォイ・ジジェク）または「残りのもの」（ジョルジョ・アガンベン）としての現代の弱者男性たち……。

弱者男性は誰と戦うべきなのか？

二〇二一年一〇月三一日午後八時頃、住所不定無職の二四歳の男が、走行中の京王線の中で七〇代男性の胸をナイフで刺し、ライターオイルを車内に撒いて火をつけた。その男は「バットマン」シリーズのジョーカーのコスプレをしていた。

その日はハロウィンであり、犯行前に渋谷の群衆の中を歩く男の姿が監視カメラに記録されていた。男は犯行後、自分の姿を衆人に見せつけるように、車内のイスに座って、右手にナイフを持ちながら、震える手でタバコを吸っていた。

容疑者の男によれば、京王線の事件は、八月六日の小田急線内で発生した刺傷事件に触発されて起こしたものだという。その日、三六歳の男が小田急線内で乗客を切りつけ、男女一〇人が重軽傷を負った。

「幸せそうな女性を見ると殺したくなった」と男が供述したことから、事件は女性に対するヘイトクライム（差別意識に基づく犯罪行為）、あるいは「フェミサイド」（女性虐殺）として報道された。実際に犯行当日、男は新宿区の食料品店で女性店員に万引き行為を通報され、その腹いせとして、女性店員の殺傷を計画していた。

京王線の事件が起こった日は、ハロウィンの日であるのみならず、第四九回衆議院議員総選挙の当日でもあった。犯行が行われたのは、その選挙速報と特番が流れていた時間帯である。

選挙結果をめぐってメディアでは、ポピュリズム（世界を「エリート・特権階級」と「大衆」に二分し、真の大衆の権利を守るという名目のもと、エリートや知識人が象徴する既存の秩序や体制に批判的・破壊的であろうとする政治的立場のこと）的な手法を戦略的に用いる日本維新の会の躍進が告げられていた。

かつてぼくは『非モテの品格――男にとって「弱さ」とは何か』（集英社新書、二〇一六年）という本の中で、男性の弱さの問題、あるいはインセル（非モテ）の問題を扱ったことがある。

Incel（インセル）とは何か？

これはInvoluntary Celibateの略語で、直訳すれば、望まない禁欲者、非自発的な独身者、というような意味である。近年、インセルたちの反逆や暴力という現象が国際的な社会問題になっている（詳細は第3章を参照）。ぼくはさらに『非モテの品格』の続編としての『マジョリティ男性にとってまっとうさとは何か――#MeTooに加われない男たち』（集英社新書、二〇二一年）で、まさに映画『ジョーカー』について論じてみたこともある。

だから、上記の事件の報道を目にしたとき、心にざわつくものがあった。ちょっとした不運がさらに加われば、ぼくもまたインセルになりかねなかったし、今後なるかもしれない。あらためてそう感じた。

もちろん個々の事件の詳細についてはわからない。単純化されたアングルから事件を切り取って理解したつもりになるのは危険だろう。

ただ、気になるのは、彼らが自分たちの暴力を社会的弱者（とされる人々）へと差し向けようとしたことだ。それらの犯罪は「誰でもよかった」のではなかった。つまり「無差別」殺傷ではなかった。明らかに「差別的」な殺傷だった。

これらの事件には、二〇一六年七月、神奈川県相模原市の障害者施設津久井やまゆり園で起きた、四五人もの死傷者を出した事件とも似通った手触りがある。

京王線の事件の男は、現代的な弱者男性のシンボル、ジョーカーのコスプレをして犯行に及んだ。

映画『ジョーカー』では、アーサーの暴力に触発され、その欲望に感染するかのように、ピエロの仮面をかぶった群衆たちが、アナーキーな暴力に陶酔し、街を焼き、車を破壊した。

ただし、忘れるべきではない点が一つある。小田急線や京王線の事件の犯行と、『ジョーカー』でアーサーが振るった暴力には、決定的な違いがある。

日本社会で起こった一連の事件の犯人とは違い、アーサーは、少なくとも、「下」（と社会的に見なされている弱者たち）ではなく、資本主義と権力構造の「上」へとその銃口を差し向けたのである（たとえ複雑な家族関係のもつれから、母親を殺してしまったとしても）。

アーサーの中にあったのは、無差別を装った差別的な憎しみではなく、社会的な怒りだった。

弱者男性としてのアーサーが殺したのは、「幸せそうな」女性でも、高齢者でも、障害者でもない。また彼には、外国人や移民に対する排外主義的な差別意識があるわけでもなかった。

どんな暴力も許されない、と優等生のように言いたいのではない。そうではなく、ぼくらは戦うべき敵を間違えるべきではない、と言いたい。

映画の中のアーサーが本当に戦うべき敵と戦えていたのか。もちろん、そこには疑問も残る。確かにアーサーは社会的弱者に向けて鬱憤を晴らすようなマネはしなかった。しかし承認欲求と家族幻想をこじらせて、有名人の中に「父」を求めたあげく、母親を殺害してしまったからだ。

では、誰かに承認され、愛され、癒されようとする前に、アーサーは何をなすべきだったのか。アーサーが弱者男性としての自分自身を愛するためには、どうすればよかったのか。

権力者や金持ち、社会構造とあくまでも戦い続けるべきだったのか。

すべてを諦め、自分の運命に忍耐し続けるべきだったのか。

それとも、責任があるのは国家・行政や資本・企業の側であり、彼には何の責任もなく、福祉国家や社会的包摂（ソーシャルインクルージョン）を十分に機能させるべきだった、ということだろうか。

立ち止まって、そういうことについて考えてみたかった。

「男性特権」が糾弾される

近年、「男性特権」という言い方がされるようになった。

多数派の男性たちと、それ以外の人々（女性、性的少数者）の間には、不平等で不公正な社会構造（法、制度）がある。

「男」たちは、無自覚なままに、そうした性差別的な構造の上にあり、生まれながらの特権にただ乗りしている。つまり、「男」たちは最初から上げ底の「下駄」を履いている。

それが男性特権の問題として強く批判されるようになった。

その前提として、近年の反差別的なムーブメントの国際的な拡がりがあり、フェミニズムやＬＧＢＴ当事者たちの活動がある。

大まかに言えば、二〇一〇年代における差別批判の論調は、「ネット右翼や排外主義者たちは差別者である」というものだった。差別者たちは、普通ではない異常な考え方、歪んだ認知をもっている。だから、ある種の医療的な対処のように、診断と処方箋が必要である。それが二〇一〇年代の反差別的なムーブメントの基本線だった。

これに対し、二〇二〇年代の差別批判は、「一部の異常な人間だけではなく、差別構造に無自覚に加担しているフツウのマジョリティたちも、同じように差別者である」という方向へと議論が展開されてきた。差別者・加害者として批判される人々の範囲が拡大し、拡張されたのである。

もはや、ごく一部の極端な差別者たちだけが問題なのではない。日常的な場面での差別行為が問題なのである。もちろんそうした日常的な差別は今に始まったものではなく、もともとそうだったのだ。

そして、差別的な制度や構造を手付かずのままにしておく男性たちの特権性が問題である。だから、それを変えていかねばならない。

つまり男性たちは、多数派の「男」として生まれ、生きていることそれ自体を批判的に問われるようになった。「男」たちがこの社会に存在し続けていることの日常的な差別性や暴力性を批判的に問われるようになったのである。

実際に、多数派男性たちの無自覚な特権性の大きさ、「男」たちの変わらなさを痛感させる報道や事件（セクハラやパワハラなどをふくむ）が毎日のように起こっている。それらを目にして、男たち、とくに中年男性（おじさん）たちは、自分たちの無神経さや欲情にうんざりし、生きるのが嫌になってくるのではないか。

他方では、次のようなことも言われる。法律・制度・家族などの中に無数の男性特権があること、それは事実である。にもかかわらず、世の男性たちはあまり幸福に見えないし（実際にそのような統計や調査報告が出ている）、自由であるようにも見えない。このギャップをどう考えればいいのだろうか、と（この辺りの話は次章でも論じる）。

多数派男性の中の「弱者」たち

ここでも立ち止まって、少し考えてみよう。

まず、最初に言えるのは、一般的な多数派の男性たちの中にも、被抑圧、脆弱性、周縁性などがある、ということである。

近年の男性学では、次のような考え方がなされる（ここでは、多賀太『男らしさの社会学——揺らぐ男のライフコース』世界思想社、二〇〇六年、などを参照した）。まず、女性に対して男性は社会構造的に様々な優位にある、という認識がデフォルトとなる（A）。ただし、そこにはいくつかの水準がある（B）。

（B・1）「男性の制度的特権」……集団としての女性の犠牲によって、集団としての男性は、制度的な利益を享受している。

（B・2）「男らしさのコスト」……制度的特権を確保するために、男性たちは、抑圧的な「男らしさ」の規範に従うという多大な努力とコストを支払わねばならない。

（B・3）「男性内の差異と不平等」……男性の中にも様々な立場の人がいて、より少ないコストで多くの利益を得る男性もいれば、多くのコストを支払いながらほとんど利益を得られない男性もいる。

これらの水準を区別しつつ、男性たちもまた様々なアイデンティティの危機や揺らぎ、葛藤を経験していることを論じていくのである。これが近年の男性学の標準的な考え方だ。つまり、（A）の水準「だけ」を見て、男性集団一般を批判し、（B）の水準の区別や違いをまったく見ようとしないこと、そうした十把ひとからげの批判に対し違和感を覚えざるをえない男性たちがいる、というわけである。

こうした状況の中で、ネットの世界を中心に、あらためて「男性弱者」たちの存在が注目されるようになった。

そこでは、こんな書かれ方がされる。男性たちは加害者・差別者・抑圧者である、と批判され、反省と行動を求められる。しかし、男性たちの中にもまた様々な「弱者」がいる。にもかかわらず、その存在に十分な注目が集まっておらず、支援や手当もなされていない……。

「弱者男性」とは誰のことか？

それでは、「弱者男性」とは、具体的にどのような男性のことなのか。
たとえば、実業家・ライターのトイアンナは、こう述べている。

《弱者男性とは、インターネット上で生まれた用語で、日本社会のなかで独身・貧困・障害など弱者になる要素を備えた男性たちである。かつては「キモくて、金のない・おじさん」の略称として「ＫＫＯ」と自称する男性たちがいた。が、現在はこの言葉そのものが差別的として、「弱者男性」という単語が使われやすくなっている》（トイアンナ「日本の被差別階級『弱者男性』の知られざる衝撃実態……男同士でケアすればいいのか」、https://gendai.ismedia.jp/articles/-/83163）

また、ライターの鎌田和歌はこう述べる。

《「弱者男性論」は、2010年代後半になって特に言及されることが多くなった「女性の生きづらさ」に対して、「男性も生きづらい」という声が上がったことから始まる。2010年よりも前からこうした声はもちろんあったが、「弱者男性論」はネット上のブロガーやフォロワー数の多いツイッターユーザーが特に牽引した感が強い》（鎌田和歌「女性の雇用制限が少子化対策になる？　炎上ツイートから見る『弱者男性論』」、https://diamond.jp/articles/-/270283）

ここで言われる弱者性にはいくつかの基準があり、それらが複雑に絡まり合っているようだ。たとえば、

・仕事の収入のこと、あるいは労働の非正規雇用のこと
・「キモい」と言われるような容姿の美醜の問題
・「コミュ障」と自嘲されるコミュニケーション能力の問題
・それ自体が多様なグラデーションをふくむ発達障害やメンタルの病などの問題

・現実に恋人や結婚相手などのパートナーがいるかどうか、という点

……などである。

引用の中にもある「キモくて金のないおっさん（ＫＫＯ）」という有名な自嘲、あるいは「からかい」の表現に象徴されるように、上記のいくつかの要素が組み合わさって成り立つ連立方程式的な「弱者性」もあるだろう。というか、むしろそのような複雑な絡まり合いの中で醸成されていく「弱者性」のほうが現実的には多いのかもしれない。

ただし、それらの基準がはっきりと区別されておらず、論者ごとに「弱者」の定義が異なるため、議論や論争をしても中々うまく話がかみ合わない。喧嘩ばかりになって、憎悪や誤解がインフレしていく。「弱者男性」についてはそうしたケースがまだまだ多い。

マジョリティでもなく、マイノリティでもなく……

ここでいわれる「弱者男性」とは、必ずしも、社会的な差別の犠牲者のことではない

だろう。あるいは、社会的に保護（包摂）されず、一般市民の標準的な生活から排除されてしまった人々とも限らない。

片方には、従来の国民国家が前提としてきたマジョリティとしての「国民」や「市民」が存在する。

他方には、「国民」や「市民」から排除され周縁化されたマイノリティ的な人々が存在する。マイノリティの人々は、各々の属性に基づき、個別的あるいは集団的なアイデンティティ政治（社会的不平等の解消と各々の差異の承認を求める政治）を行う。

一方、ここでいう弱者男性とは、これらの「国民・市民（マジョリティ）VS被差別者・被排除者（マイノリティ）」という政治的対立のいずれにも入ってこないような存在のことであると考えられる。

弱者男性たちは、社会的に差別されたり排除されたりしている、あるいは政治的な承認を得られない——というよりも、それらの二元論的な議論の枠組みそのものから取り残され、取りこぼされ、置き去りにされているのだ。

それゆえ、彼らはアイデンティティの承認をめぐる政治の対象にもならないし、福祉国家による経済的な再分配や社会的包摂の対象にもなりにくい。

注意しよう。これは、いわゆる「弱者競争」（弱者オリンピック）の話ではない。あるいは、「社会的弱者の声」にすらならない究極の弱者とは誰か、という「サバルタン」の理論の話でもない。誰が真の犠牲者であるのか、もっとも悲惨な被害者は誰なのか……そうした「弱者競争」によってかえって見えなくなる領域がある。

もう少し繊細で複雑な語り方によってしか見えてこない、個人の実存（差異）と社会的な制度・構造の狭間のグレーゾーンがある、ということだ。

男性たちの「弱さ」の問題はそうした曖昧で境界的な領域、すなわち「残余」「残りのもの」の領域に存在するのではないか。

「ガラスの地下室」からの叫び

この章の冒頭で、次のように記した。

弱者男性たちの人生の核心にあるのは、次のようなものではないか——どこにも救いがなく、惨めで、ひたすらつらく、光の当たらない人生がある。「男」たちの中にもまた、そういう絶望がある。せめてそのことを想像してほしい。べつに同情してくれとは思わない。助けてくれなくてもいい。ただ、想像し、理解することくらいはしてほしい。そういう苦悶の声。声にならない叫び……。

どうか、よくある「多数派の男性は誰もがすべて等しく強者である」「男たちは男性特権を享受しているのであり、不幸であるはずがない」等々という乱暴で粗雑な言葉によって物事を塗りつぶさないでほしい。

誰々よりはマシ、誰々に比べれば優遇されている、といった優越や比較によって男性問題を語らないでほしい。たしかに構造的な非対称はある。しかし、その上で、比較や競争の対象ではなく、たんに不幸なものは不幸であり、つらいものはつらいのだ。そうした単純な生活意識が「弱者男性」問題の根幹にあるだろう。

そうした苦悶の叫びは絶対的に肯定されるべきものである、とぼくは考える――ただし、後述するように、「異性にわかってほしい」という性的な承認論や、「国家や民族によって自分の存在を支えてほしい」というナショナルアイデンティティによってそれを解決するべきだとも思わない。

なぜならここには、比較対象としての弱さではなく、絶対基準としての弱さがあるからだ。

誰かとの比較や優越によって強い／弱い、幸福／不幸を判断されるのではなく、生存そのものとして、惨めで、尊厳を剥奪された、どうしようもない人生がある。絶対基準の〈弱さ〉がある。

せめて、その事実を想像してほしい。それを否定されたら、あとはもう——。

本当は「男性」という属性すら副次的なことで、あくまでも個々人ごとの問題なのかもしれない。しかし、「男」として生まれてしまった以上、男性という属性から解き放たれ、抜け出すこともまた許されていないのである。

では、弱者男性とは、これまで無視されてきた新たなマイノリティのカテゴリーである、ということなのか。

やはり、それも少し違うだろう。

しばしば指摘されるように、「弱者男性」と言っても、発達障害や精神疾患の傾向のある人、「軽度」の知的ハンディのある人、虐待やイジメの被害者など、そこには様々な問題が交差的に絡み合っているはずだ。

境界的な人々、グレーゾーンの人々もたくさんいるだろう。

そうしたグラデーションに対して、「ちゃんとした理由があるからあなたはマイノリティ男性、それ以外は男性特権に居直った無自覚な男性たち」とはっきり線引きしようとすることは、やはり問題の先送りにしかならない。

たとえば障害者介護の経験からぼくは以下のことを学んだ。それは、個人的な生活や実存のレベルで考えるかぎり、比較や優越はもとより、そもそも安易に他者を線引きするべきではない、線引きしてはいけない、ということである。

曖昧で境界的な領域にはっきりと線を引くこと自体が一つの残酷な暴力であり、支配になりうるからだ。線を引いて、支配する。それは差別の定義そのものである。

本当にもうダメだと思って、惨めで、むなしく、悲しく、生まれてこなければよかったとしか感じられなくなったとき、ワラをもつかむ思いで手を伸ばすと、恋愛によって異性から救ってほしいとか、有名人になって一発逆転しなきゃとか、排外主義者やインセルやアンチ・フェミニズムの闘士に闇落ちするとか――それらの貧しい選択肢しかない、ということ。そうした選択肢しか残されていない、と感じられてしまうこと……。

たとえばトイアンナは、先に引用した記事で、ある男性がブログで書きつけた「ガラスの地下室」という言葉を紹介している（もともとはワレン・ファレルが『男性権力の神話』という一九九三年の書籍で当時のアメリカの状況を反映して用いた言葉）。

女性がある程度以上の社会的地位へ上がれないこと（にもかかわらずその障壁が存在しないとされていること）を「ガラスの天井」と呼ぶが、これに対し、男性たちは、いったん弱者男性になると、ガラスを踏み破って「地下室」に転落して、誰にも気づかれないままになってしまう。それが「ガラスの地下室」である。

ぼくたちは今、そうした「弱者男性」たちの「地下室」の暗黒に、何かの光を差し込ませるための言葉（思想）を必要とし、そのための多様な実践を必要としているのではないか。

「取り残された者」としての弱者男性

スロヴェニア出身の思想家、スラヴォイ・ジジェクは、次のようなことを述べている。やや難しい表現ではあるが、重要な点を論じていると思う。

ぼくたちは今、移民・難民や性的少数者の人々だけではなく、「八〇パーセント」の「置き去りにされたひとたち」、つまり「取り残された」人々――「神々が、そして市場が置き去りにしたひとたち」――の中に、グローバル資本主義の時代におけるある種の普遍性を見るべきではないか、と（『真昼の盗人のように――ポストヒューマニティ時代の権力』中山徹訳、青土社、二〇一九年、原著二〇一八年）。

さらにジジェクはこうも述べる。「真のプロレタリアートはむしろ、本国に留まりそこによそ者として取り残された（「残り物」、神に引き取られない断絶された者といったありったけの宗教的意味を帯びた）人々のことなのだ」。そして「グローバル資本主義の趨勢とは、われわれの八〇パーセントが『取り残された者』になるということである」、と。

現代の弱者男性たちとは、まさにグローバル資本主義とリベラルな社会から「置き去りにされ」、「取り残され」た人々のことであると言えるだろう。

ジジェクは、そのような人々の中に、むしろ、現代社会の最先端があり、社会変革のための「普遍性」の兆しがあるのかもしれない、と論じているのである。

ここで言う「八〇パーセント」とは、一つの比喩だろう。具体的な数字や統計的なデータの話がされているわけではない。

つまり、「一%」と「九九%」の階級的な対立が問題である、と言われる場合に、そのいずれにも入ってこないような人々のことを、ジジェクはおそらく「八〇パーセント」と表現しているのだ。

格差と剥奪感――奪われているのは尊厳である

映画評論家、町山智浩の『「最前線の映画」を読む Vol.3 それでも映画は「格差」を描く』（集英社インターナショナル、二〇二一年）によれば、近年、格差問題を描いた重要な映画が国際的に増えている。『天気の子』『万引き家族』『パラサイト　半地下の家族』『ノマドランド』『アス』『ザ・ホワイトタイガー』『プラットフォーム』『ザ・スクエア』『その手に触れるまで』『バーニング　劇場版』などだ。『ジョーカー』も当然そうである。

　これらの映画が主題化する「格差」の社会的な背景は、以下のようなものであると考えられる。少し抽象的な話になるが、付き合ってほしい。

　一九八〇年代以降に、新自由主義的（ネオリベラリズム的）な経済政策を積極的に進めてきた国では、明らかに経済格差が拡がり続けてきた。

　富裕層の所得税率、大企業の法人税率は引き下げられ、株式や不動産取引の規制緩和が進み、資本家や投資家の活動が活発になった。他方で、雇用に関しても規制緩和が進み、労働者は解雇されやすくなった。その結果、派遣労働者などの非正規雇用者が増え、企業の人件費は抑制された。

　これらの流れがあり、企業の利益、株価、不動産価格などは上昇した。そして行政の機能が民営化（≒私企業化）され、国家と資本の活動が相互的に活性化した。福祉国家

（富の再分配）の機能は弱体化し、公共事業が削減され、雇用と労働はどんどん不安定になってきた。

　これに対し、二〇一一年に始まったいわゆるオキュパイ（占拠）運動は、一％VS九九％の対決をスローガンとして掲げた。グローバルな資本主義から膨大な利益を得る一％の超富裕層と、九九％の貧困化する市民たちへと現代社会は分裂している。つまり超格差化が生じている、というわけだ。

　この二極化は、金融化と労働者の非正規化から成り立つ現代の寡頭制的な資本主義の象徴とも言える。

　オキュパイ運動の参加者たちは、その象徴であるニューヨークのウォール街の一角を占拠（オキュパイ）し、金融資本主義に異議申し立てを行った。

　このムーブメントは全米から世界中へと拡がり、世界社会フォーラム（一九九九年のWTOシアトル総会に対するアンチグローバリゼーションの流れをくみ、スイス・ダボスで開催される世界経済フォーラムに対抗する運動のこと）、アラブの春、ヨーロッパの反緊縮運動などにも影響を与え、世界中で抵抗運動が行われていった。

ある意味では、新自由主義の時代にはまだ、以下のロジックがありえた。すなわち、社会的に排除された人々を社会全体で包摂しよう、そのためには強い経済成長とトリクルダウン（滴り落ち理論）が必要だ、と。

トリクルダウン理論とは、たとえ社会領域が縮減されても、国家や社会の民営化と活性化によって——上層や中流層が豊かになれば、お零《こぼ》れが下層にも回っていくというトリクルダウンによって——国民全体が包摂されうる、最大多数の最大幸福が実現される、という想定のことだ。

しかし今や、そのような包摂の可能性さえも想定されていない。最初から目指されていない。

貧困問題を長年取材してきた作家・アクティヴィストの雨宮処凛は、現代を表すキーワードは「不寛容」であり、「剥奪感」である、と述べている（『この国の不寛容の果てに——相模原事件と私たちの時代』大月書店、二〇一九年）。

金融資本主義化と非正規化が進んでいく一％と九九％の二極化の時代には、もはや排除された人々の社会的な包摂が目指されることはない。徹底的な不寛容によって、人々は（社会的に排除されるというよりも）生を剥奪され、抹殺されていくのだ。

ネオリベラルな格差と社会的排除の時代から、超格差的な二極化と不寛容の時代へ――。

こうした意味での剥奪感の問題は、「人間」としての「尊厳」の問題に関わる。我々は国民／市民／労働者であるより前に一人の「人間」であるはずだが、そんな「人間」の「尊厳」が剥奪されていくのである。

資本主義社会の「残余＝残りのもの」

ここで必要になってくるのは、労働や経済の面での貧困・不安定化・非正規化――あるいは剥奪や無力化――と、アイデンティティや文化的な差異に基づく差別問題を、何らかの形で交差させ、同時に考えていくことだろう。

男性たちの経済的貧困や労働者としての不安定化は、「女性や性的マイノリティに比べればまだ恵まれている」という形で相対化されたり無化されがちである（たとえば「障害者女性に比べれば健常者女性は恵まれている」「在日朝鮮人女性の苦境と日本国籍を持った女性の状況を一緒くたにはできない」などの相対化は少ないにもかかわらず、だ）。

ジャスティン・ゲストの著作『新たなマイノリティの誕生――声を奪われた白人労働者たち』（吉田徹・西山隆行・石神圭子・河村真実訳、弘文堂、二〇一九年、原著二〇一六年）によれば、「かつて有した力の面影」と現在の「喪失感」との間で、アメリカの白人労働者階級は「不安」と「緊張関係」を強いられている。そして、それがレイシズムなどの「過激化」という現象を生み出しているという。

そうした彼らの差別意識の過激化は、彼らの無力感や「手詰まり状態」を表現するものでもある。

そこには次のようなジレンマが存在する――「もし、民族的《エスニック》マイノリティは自分たちの犠牲の上に立って地位を向上させているのだと不満を述べれば、レイシストだとのレッテルを貼られる。もし、〔現在の〕経済モデルが不平等を拡大し、雇用を不安定化させているのだと非難すれば、怠け者だと見なされる」。

ゲストは、こうした脆弱性を強いられた白人の労働者たちのことを、マイノリティともまた異なる人々、つまり「周縁化」を被った人々と呼んでいる。

近年のグローバル資本主義は、多様性や包摂性を主張しつつ、国家と企業の中にそれらをもうまく取り込んできた。有り体にいえば、ＬＧＢＴや民族的多様性すらもポップでスタイリッシュな「売り物」として消費されるようになってきた。

そこからは以下のような考えが拡がっていく。グローバルな市場の発展によって自ずと文化的な多様性や寛容も達成されるだろう、資本主義の力によって女性の社会参加やＬＧＢＴフレンドリーや障害者に対するバリアフリーも実現されるはずだ、と。

しかし、こうした流れからさえも置き去りにされていく人々こそが「弱者男性」と呼ばれているのではないか。

周縁化を被った「弱者男性」たちの脆弱性／不安定性は、経済的貧困や失業の問題と必ずしも一致するものではないし、政治的なアイデンティティの承認の問題だけでもとらえられないだろう。

多くの一般的な労働者たちは、複合的な差別状況の中で、労働・生活の不安定さ（過剰流動性）を強いられている。フェミニズムや多文化主義の観点からみれば、多数派男性にはまだまだ自覚が足りない、男性特権にしがみついている、ということになるだろう。

しかしそこでは、グローバル資本主義による抑圧や剥奪感の過酷さが十分に考慮されていないようにも見える。

次のようなイメージをつかんでおきたい。

多様性や包摂性を活用するグローバルなリベラル資本主義の「残余＝無」（ジジェク）あるいは「残りのもの」（アガンベン）としての「弱者男性」たち。マイノリティでもマジョリティでもなく。一％でも九九％でもなく……。

ＰＣ的なアイデンティティ政治や再分配の対象に入ることをゆるされないものたち。グローバル資本主義の中で階級闘争の主体にはなりえないものたち。一％と九九％という対立にすら入ってこられないもの。プロレタリアではなく。ルンプロ（ルンペンプロレタリアート）でもなく。サバルタンでもなく……。

それはマジョリティ男性たちの「残りのもの」としての、多数派男性の中の内的亀裂としての「男」たちのことだ。経済的な不安定さや貧困の中にあるとは必ずしも限らず、はっきりとした差別の対象でもなく、しかし人間としての尊厳そのものを剥奪されていく弱者男性たちである。

弱者男性たちは、積極的な属性として語りうる弱さ（政治的な集団性の根拠としての弱さ）ではなく、「残りのもの」「残余」としての弱さを強いられ、それによって人間としての尊厳を剥奪されているのだ。

弱者男性論を再発明するために――「アンチ」を超えて

ただしジジェクはこうも言っていた。「八〇パーセント」に注目するということは、フェミニズムと階級闘争との相いれなさを意味するのではない、と。話はもう少し微妙で複雑である。

アイデンティティ政治は、しばしば、それぞれの属性に基づく特殊性に閉じようとしてしまう。そうした傾向を持たざるを得ない。それに対し、重要なのは特殊性ではなく普遍性である、とジジェクは言う。

それは何らかの政治的イデオロギーを絶対化しろ、ということではない。「そうではなく、普遍性がいかに特殊なアイデンティティの裂け目において、個々の特殊なアイデンティティを掘り崩す『否定性の働き』として機能しているかを認識することである。あるいはスーザン・バック＝モースがいうように、『普遍としての人類は境界線において明確になる』」。

ぼくたちは当事者として「弱者男性」という言葉の意味を再発明していかなければならない。あるいは「弱者」や「弱さ」という概念を書き換えていかなければならない。それは「弱者」や「弱さ」を絶対化し、被害者意識に閉じこもることではない。そうではなく、「残りのもの」あるいは「残余」としての自分たちの存在を自覚し、この社会の裂け目＝境界線の側からものを考え、自由や幸福を求めていくことだ。

厄介なのは、この場合の「弱者」という言葉が、アンチ・フェミニズムやアンチ・リベラルの流れと深く結びついてきた、という事実である。

特にネット上では、弱者男性論がそれらの「アンチ」とセットになるパターンが多かった。

たとえば、ネット上で男性問題について分析する環（https://twitter.com/fuyu77）は、次のように指摘している。「弱者男性論の本質」は、「個別の弱者的状況よりもフェミニズムとのコンフリクト【対立、軋轢のこと――引用者注】にある」。

そして「フェミニズムは『男性』という属性についてまとめて『強者（マジョリティ）』として批判するけれど、男性が皆強者ではなく、弱者の男性もいると認めて欲しいというのがそのコア」である、と（「一連の「弱者男性論」言及から見えて来た「弱者男性」概念のコアとその将来への提言―フェミニズムとのコンフリクト―」https://fuyu.hatenablog.com/entry/2021/04/08/215434）。

「男性」VS「女性」という「コンフリクト」。

そうした二元論的な対立の構図が前提にされ、そこで男性たちは「カウンター」としての弱者性の意識を強化していく。やがてその図式の中で、男性たちはフェミニズムに対する敵対性を増幅させて、「アンチ」になっていく。

そこでは、以下のような発言を目撃することになるだろう。

・政治的な承認の対象となりうる女性や性的マイノリティより、マジョリティであるとされる男性の中の弱者層の方がいっそう不幸であり孤独である。
・現代社会の真の被害者とは、男性弱者である。
・女性や性的マイノリティと違って、弱者男性たちには、国家や社会からの制度的支援やフォローが何もない。

その中からは「制度設計によって弱者男性に女性をあてがえ」といういわゆる「あてがえ論」のような過激な主張も出てきた（ただし「あてがえ論」という言葉自体は、むしろ弱者男性論を批判する側からある種のレッテルとして使われるようになった、という側面がある）。

あるいはそこまで極端なものではなくとも、経済的自立を果たした勝ち組の強者女性たちは、仕事も社会的承認も得られない負け組の弱者男性たちを積極的に支えてケアすべきだ（弱者男性たちにも専業主夫という選択肢がもっとフツウに与えられるべきだ）、というような主張が行われたりもする。

さらにはネット上では、女性が自分より高い年収や地位の男性を結婚相手に選ぶ「上昇婚」に対し、高い収入や地位のある女性はあえて「下降婚」すべきだ、という言い方がされたりもする。

ロスジェネと弱者男性

こうした議論の一つの源流となったのは、おそらく、ワーキングプア当事者の立場から社会批判を行ってきたライター、赤木智弘による二〇〇〇年代の発言ではないだろうか。

赤木は、フリーターなどの男性弱者たちは、女性弱者よりもさらに社会的に弱い立場に置かれている、と述べた。なぜなら、女性たちは専業主婦になれるが、男性には主夫になるためのイスが限られているからだ、と（『若者を見殺しにする国――私を戦争に向かわせるものは何か』双風舎、単行本二〇〇七年）。

そこには「あまりに大きな格差」がある、と赤木は言う。そして、男女平等という「きわめて当たり前のこと」を実現するためにも、強者女性たち（配偶者を支える余裕のある女性）は、男性弱者たちを積極的に専業主夫として養ってあげるよう努力すべきだ、と述べたのである。

このとき赤木は、戦後民主主義的なリベラリストの象徴として、戦後日本を代表する政治学者の丸山眞男を批判していた。赤木のこの丸山批判は、その意味で、PC時代のアンチ・リベラルの先駆けとも言えるだろう。

そして赤木的なアンチ・リベラルは、先に述べたような意味でのアンチ・フェミニズムの萌芽でもあったのだ。

赤木は二〇一六年の段階でも、映画館のレディースデイの事例を挙げて、「『女性が弱い立場である』という前提の上での女性優遇こそ女性差別」であり、敢えてそれに対し「女尊男卑」の批判を主張することが必要である、というねじれたロジックを展開している。「女尊男卑が目指すのは紛れも無く男女平等社会なのである」、と。(「『女尊男卑』批判が目指すものはまぎれもなく男女平等社会である」、https://www.kk-bestsellers.com/articles/-/2326/)

なぜ赤木は、リベラリストとしての丸山眞男を批判したのか。それは、以下のような弱者男性的なリアリティが赤木の中にあったからだと思われる。

《夜遅くにバイト先に行って、それから八時間ロクな休憩もとらずに働いて、明け方に家に帰ってきて、テレビをつけて酒をのみながらネットサーフィンして、昼頃に寝て、夕方頃目覚めて、テレビを見て、またバイトに行く。この繰り返し。

月給は一〇万円強。北関東の実家で暮らしているので生活はなんとかなる。だが、本当は実家などで暮らしたくない。両親とはソリが合わないし、車がないとまともに生活できないような土地柄も嫌いだ。ここにいると、まるで軟禁されているような気分になってくる。できるなら東京の安いアパートでも借りてひとり暮らしをしたい。しかし、今の経済状況ではかなわない。三〇代の男が、自分の生活する場所すら自分で決められない。しかも、この情けない状況すらいつまで続くか分からない。年老いた父親が働けなくなれば、生活の保障はないのだ。》（「『丸山眞男』をひっぱたきたい」）

社会の被害者である私の生活と魂を救ってくれ。金銭あるいは安定した仕事を与えてくれ。私はすでに長い間、真面目に働き続けてきたではないか。働き続けているのに、十分な金銭も余裕も得られないのだ。とすれば、真面目に働いている者が報われないこの社会の仕組みの側に、何らかの根本的な不平等があり、欠陥があるはずだ……。

そのような立場から、二〇〇〇年代の赤木は「希望は戦争」とあえて挑発し、提言を行ったのである。不安定な生活の抜本的改善が望めないのであれば、自分は「国民全員が苦しむ平等を」望むしかない、と。

赤木は、戦後民主主義的な「平和」や「平等」――そこには左派的なリベラリズムも、右派・保守的なナショナリズムも含まれる――に根本的な欺瞞を見て取った。だからこそ、国民全体が平等に苦しむ「戦争」の中にしかもう夢を見ることができない、と言ったのだ。

被害者意識のダークサイドに堕ちないために

ただし、赤木はそこで次のように付け加えることも決して忘れなかった。

《しかし、それでも、と思う。
それでもやはり見ず知らずの他人であっても、我々を見下す連中であっても、彼らが戦争に苦しむさまを見たくはない。だからこうして訴えている。私を戦争に向かわせないでほしいと。》

赤木は「それでもやはり見ず知らずの他人であっても、我々を見下す連中であっても」、彼らが「苦しむさまを見たくはない」と言ったのだ。ここには弱者男性のぎりぎりの倫理、尊厳のようなものがある。

それならば、やはりぼくたちは、フェミニズムやリベラルに対する「アンチ」の立場にとどまることなく、「あっちが自分たちを批判してきたから言い返しているだけだ」という被害者意識に基づく反撃の論理を超えていかねばならない。

弱者男性という言葉を再定義し、再発明していかねばならない。

誰かとの比較や優越を超えた絶対基準の〈弱さ〉を、自分たちのものとして、当事者のものとして取り返していくべきなのだ。

レッテルとしての「弱者」ではなく、一人ひとりに固有の〈弱さ〉を抱えた男性たちが存在するはずである。その中には、女性憎悪や差別へと闇落ちすることなく生き延びている男性たち、非暴力的で解放的な「弱者男性」たちもまた当たり前のように存在しているはずだ。

男性特権をスマートに反省できる「正しい」リベラル男性には違和感があるけれど、被害者意識にそまってネット右翼や反フェミニズムの闘士というダークサイドに堕ちたくもない……そうした迷える男性たち、内側に弱さを抱えた男性たち——周縁的で非正規的な男性たち——にとって、現在は相当に厳しい、苦しいことになっている。

弱者男性たちは、複合的な生きづらさや脆弱性に苦しめられ、一般的な「国民」や「市民」の枠組みから零れ落ちてしまう。「普通」で「まとも」な暮らしを送ることができない。

マイノリティであれば被差別性（属性）を武器にして、それをアイデンティティ政治へと変換することができる。不当に抑圧された権利の主張ができる（繰り返すが、だから彼らの方がマシだ、という意味ではない）。

しかし、マイノリティとしての属性を持ちえない「男」たちは、そうした政治性を持ちえない。連帯もできない。かといって個人として十分に反省する余裕も与えられていないのだ。

そうなると、自分の中の不幸や苦悶、弱さによる心の穴を埋めるために、「アンチ」や「インセル」の闇におちざるをえない。少なくとも「アンチ」や「インセル」の情動によって集団的に結びつき、ネットを主戦場として「敵」と戦う、という高揚感や生きがいを得られるからだ。

しかしそれはあまりにも悲しく、救いがなく、暗鬱なルートではないか。

日々のつらさや戸惑いや失語とともにある「弱者男性」の生の可能性を、それらとは別様の形で、何らかのポジティヴでアクティヴなものとして提示し直せないものだろうか。

そもそも、周りを見れば、各々の過酷で厳しい状況にあっても、なんとか闇落ちせずに、憎悪に呑み込まれずに必死に「踏みとどまっている」男性たちは無数に存在するのだ。彼らのそうした日々の地道な努力は——繰り返すがそこに他者との比較や優越を付けることなく――もっと肯定され、尊重され、尊敬されていいものではないか。

解放的で非暴力的に生きようと日々努力し続けていること、それはそのまま立派でまっとうであり、尊厳に満ちたことなのだ。「男らしい」のではない。「人間らしい」と言いたいのだ。「弱者男性」として「人間らしい」のだ。

弱者男性の生の可能性を肯定し、尊重することは、異性や社会からの承認を求めるよりも前に、弱者男性たちが「自分（たち）」の力によって、セルフケア的に、あるいは男性同士の連帯を通して、行うべきことではないだろうか。

そう考えられる。

男性学とは、女性学やフェミニズムの問題提起を受けながらの、男性自身による男性の問い直しの学問のことだった。あるいはメンズリブというアクションには、ウーマンリブを受けての生活改善運動という側面があった。

現代的な男性弱者論もまた、状況の困難に対する消極的なリアクションとしてばかり語られてきた面がある。

しかし、今あらためて、ぼくたちは、弱者男性論を消極的なリアクションではなく、積極的なアクションとして再起動させていくべきではないだろうか。

つまり「異性からの承認待ち」ではなく、あるいは「アンチ」によって怨念を晴らすのでもなく、「自分たちで自分たちを肯定する」という自己肯定の力、自己尊重の力をアクティヴに求め、欲望していっていいのではないか。

そのためには、ＳＮＳ上での「アンチ」の作業に依存したり、ゲーム感覚で他者を叩くことから、自分たちの日常を爽やかに解放していく必要がある。

「残りのもの」「残余」としての自分たちの「弱さ」のポテンシャルを引き出し、今とは別様の生のために、実践的に活用していくべきなのだ。

能力主義（学歴主義）という暴力

共同体主義者の哲学者、マイケル・サンデル（一九五三年〜）は、『実力も運のうち——能力主義は正義か？』（鬼澤忍訳、早川書房、二〇二一年、原著二〇二〇年）で、現代社会における能力主義と道徳的なものの結託を批判している。

社会の勝者やエリートたちは、しばしば、自分の能力によって勝ち得たものすべては自分の努力の賜物である、という意識を持ちがちだ。しかしそれは歪んだ道徳観として表れてしまう。

彼らは、個人的能力を持った人間は多くの経済的報酬を得るのが当たり前だ、と考える。しかし彼らの多くは、自分が生まれながらにして、自分の実力以外の恩恵を親や生まれた国から受けてきた、という事実を見ようとしない。生まれの「たまたま」の違いや不平等を忘れてしまう。

たとえば大学の裏口入学は不公正であると批判する人々も、受験に関する公正な機会平等（純粋な努力と能力に基づく勝ち負け）が守られれば、それはフェアであり問題ない、と考えるだろう。あるいは多くのリベラル派たちは、機会平等を保障するためにこそ、人種や民族を選考要素に加味する積極的差別是正措置（アファーマティヴ・アクション）が必要である、と主張するだろう。

しかし、その場合にもまだ残る問題がある。たとえ大学入試の公正を担保したとしても、そもそも、裕福な家庭と貧困家庭の間には生まれながらの不平等があり、それゆえの能力格差があるはずだからだ。

にもかかわらず、「不平等な社会で頂点に立つ人びとは、自分の成功は道徳的に正当なものだと思い込みたがる。能力主義の社会において、これは次のことを意味する。つまり、勝者は自らの才能と努力によって成功を勝ち取ったと信じなければならないということだ」。

イギリスの社会学者、マイケル・ヤングの『メリトクラシー』（窪田鎮夫・山元卯一郎訳、講談社エディトリアル、二〇二一年、原著一九五八年）は、メリトクラシー＝能力主義、業績主義という言葉の起源になった古典的な著作である。

能力主義とは、能力のある人々による支配体制のことを指す。ただし、この本でヤングは、前近代的なアリストクラシー（貴族主義）よりも近代的なメリトクラシーの方が優れている、とただちに主張しているわけではない。

すなわちヤングは、二一世紀には、テクノロジーの発展により、知能検査や能力の判定が出生前からできるようになり、そこから新たな能力階級が生まれるだろう、というSF的なディストピア社会の到来を予言してもいたのである（たとえば遺伝子操作による能力主義的な階級社会の到来を描いた映画『ガタカ』等が想起される)。

こうした前提の上で、『実力も運のうち』でサンデルが特に問題提起しているのは、現在のアメリカ社会では、性差別や人種差別は決して許されないとされるにもかかわらず、学歴偏重主義=学歴差別(そして学歴に基づく能力主義)の問題はあっさりと見過ごされてしまう、という点についてだ。

「不正義」よりも「屈辱」が問題である

そしてサンデルはこう指摘する。近年各地で噴出するポピュリズムの背景には、「不正義の政治」、つまり正義が政治的に実現されていないがゆえの怒りの問題よりも、「屈辱の政治」の問題がある、と。

サンデルが言う「屈辱の政治」とは何か?

性差別や人種差別などの不正義については公共的な言論の場で批判することができる。

しかし、能力や学歴などをめぐる格差は、あくまでも私的なもの、自己責任の問題として処理される。ゆえに、その問題は各個人の内側に感情的な歪み（屈辱）として溜め込まれてしまう。そして「不正義への抗議は外側へ向かう」が、「屈辱への抗議の場合（略）どうしても自己不信がつきまとう」。

こうした能力主義的な屈辱感は、リベラルな正義を求める言葉によってはすくいとることができない。

サンデルはここに重要な問題点を見る。「現在のアメリカ政治で最も深刻な政治的分断の一つは、大学の学位を持っている人びとと持っていない人びとのあいだに存在する」のだが、それを表立って主張できないのだ。

というのは、自分の学歴や能力が足りないと認めることは、それ自体が自分の「愚かさ」の証明となり、さらに自己否定的に「屈辱」が高まっていくからである。少なくともトランプ元大統領は、こうした屈辱の政治の力学について直観的によく理解していた、とサンデルは述べている。

そしてサンデルによれば、こうした「能力主義的なおごり」は「リベラル」なオバマ元大統領にさえも（彼にこそ）継承されていた。というのは、オバマ的な言説の特徴は、人間には「賢さ（smart）」が必要だ、と強調したことにあるからだ。

そこでは正義／不正義の対比が、そのまま、賢さ／愚かさの対比に重ねられてしまう。つまり、現代において市民は愚かであることを許されないのだ。なぜなら、多数派の一般市民は、ある程度賢くならねば無意識のうちにマイノリティを差別してしまうからであり、愚かなままでいることはほとんどそのまま差別主義者であることに等しい、とされるからである。

他人を差別する人間とは、愚かな人間のことなのだ——しかし、こうした賢さ／愚かさの比較に基づくひそかな優越感こそが、現代的な「屈辱の政治」を維持強化してしまう。

能力と実力のある人々がその業績に見合った対価と評価を得る、というメリトクラシーが十分に拡がって「公正としての正義」が実現する、そのような社会だからこそ（にもかかわらず、ではなく）、政治的な屈辱が生じるのである。屈辱の政治には、こうしたジレンマがある。

能力主義に基づく正義の実現は、成功者たちの側に道徳的な傲りを、失敗者の中に屈辱をつねにうみだす。市場的利益と道徳的優位を結合させる能力主義は、原理的な必然性によって、傲り／屈辱の分断を再生産し、社会の共通善を腐食していくのである。

このような「愚かさ」と「屈辱」の問題は、「弱さ」をめぐる問題にも深くかかわってくる。

実際に、現代日本の弱者男性たちの「弱さ」は、そのまま人間としての「愚かさ」に直結するものであり、マジョリティである男性たちが「愚か」であることはあくまでも本人の責任であり、他の差別問題とは違って「公正としての正義」の問題には含まれない、あくまでも自分（たち）が悪いのだ、と見なされているのではないか。

そのことによって弱者男性たちは根本的な（不正のみならず）屈辱を強いられ、人間としての尊厳の剥奪を強いられているのではないか。

弱者男性たちは「愚か」なのか？

このような「愚かさ＝弱さ」への屈辱と関連して、多くの人々が近年述べているのは、今や、古典的な意味での（マルクス主義的な）経済階級論（それに基づく連帯や団結）

に戻ることはできないが、時代状況に対応した「新しい階級政治」（『チャヴ』）が必要である、ということだ。

イギリスの若いジャーナリスト、オーウェン・ジョーンズの『チャヴ――弱者を敵視する社会』（依田卓巳訳、海と月社、二〇一七年、原著二〇一二年）によれば、「チャヴ」とは、イギリスの差別用語の一種であり、「もっぱら労働者階級を侮辱することば」である。

この言葉は、対象となる人々に「急激に増加する粗野な下流階級」というイメージを貼り付ける。語源となったのは、ロマ族（ジプシー）の言葉で「子ども」を指す「チャヴィ」である。

その著書の冒頭でジョーンズは、イースト・ロンドンの高級住宅街で催された友人宅の夕食会での経験を、じつに印象深く紹介している。

発端は夕食会の招待主が何気なく口にした、軽いジョークである――「ウールワース［訳注：大手スーパーマーケット］がつぶれるのは残念だね。チャヴたちは、いったいどこでクリスマスプレゼントを買うんだろう」。

その言葉に不快感を表明した人は、その場にはいなかった。それどころか、彼のジョークにみな笑ったのである。重要なのは、その招待主が、自分は偏見を持っているなどとは少しも考えていない人物であり、パーティに居合わせた人々もまた同様だった、ということだ。

彼らには教養があったし、心が広く、専門的な職業に就く人もたくさんいた。人種も様々で、男女も半々、同性愛者もその中にいたという。政治的立場はほとんどが中道左派だ。もしもその場で、他民族を侮蔑したり、性的マイノリティをからかうような発言をした者がいたなら、「すみやかに部屋から追い出されていただろう」。

にもかかわらず、労働者階級を侮辱する「チャヴ」についてのジョークは、あっさりとスルーされてしまったのである。

ジョーンズはそのときのショックをこう書き記す。「あのとき私は、何百年も昔から存在する場面を目の当たりにした――富める者が貧しい者をあざける場面を。そして、考えさせられた。なぜ、労働者階級への嫌悪感がこれほど社会に広がったのだろう。（略）まるで、労働者階級はどれほどけなしても許されるかのようだ」。

実際に、「イギリス社会の大きな部分を占める労働者階級に恐怖心を抱いている中流階級」の心理を利用したビジネスなども増えているのだという。

性差別や人種差別は容認できない、だが、経済的貧困や労働者階級の暮らしは自己責任であるとされ、差別の対象となり、恐怖や侮蔑の対象になっていく。労働者階級の人々は「野生化した下流階級」と見なされているのだ。

ジョーンズは書く。「いまやチャヴということばには、労働者階級に関連した暴力、怠惰、十代での妊娠、人種差別、アルコール依存など、あらゆるネガティブな特徴が含まれている」。そして、「チャヴ・ヘイト」が形成されている、と。

中流階級の人々の無意識の偏見によれば、古典的な意味での労働者階級なんてものは存在しない、存在するのは今や「チャヴ」である──伝統的な意味での「労働者階級」は、「無能な『チャヴ』という残りかす」にとって代わられたのだ。

こうしたチャヴ・ヘイトの核心にあるのは、「われわれはみな中流階級」であって自分たちは「労働者階級のなれの果てのチャヴ」とは別の存在だ、という線引きの意識である。

ジョーンズによれば、リベラルな左派の人々も、労働者階級を無視して、文化的なアイデンティティ政治のみに走りがちになったという。こうした状況の中でこそ「新しい階級政治」を形成することが必要である、と彼は提案している。

その場合、非正規雇用者たちの存在がポイントになるだろう、とジョーンズは言う。つまり、労働者の能力や向上心を評価するだけではなく、競争や評価から零れ落ちた非正規的な人々の存在をも支え得るコミュニティの形成が重要である、と。

ここでは、「弱者男性」という存在を、古典的な意味での労働者階級の問題に還元したいのでも、サンデルがアメリカについて述べていたような学歴格差の問題に還元したいのでもない。「残りかす」としての「無能」で「愚か」な――と見なされている――「弱者男性」たちの存在がなぜこうもこの社会から無かったこと、存在しないものにされていくのか、ということを考えてみたいのだ。

弱者男性問題のコアには、ここまで述べてきたような意味での「愚かさ」（と呼ばれてしまうもの）の問題があり、屈辱の問題がある。

弱者男性たちは、人間として愚か（反省が足りない、自覚を欠く）と見なされる。君たちは愚かだからこそ差別に走ったり、他者を憎んだりするのだ、と。そして、そのことに根本的な屈辱感を強いられている。

しかし、本当にそうなのか。

何重もの意味で非正規的な存在である現代の弱者男性たちは、いかにして、人間的な尊厳を回復していけばいいのか。

男がつらい！

本書で言う「弱者男性」の「弱さ」（脆弱性）とは、女性／性的マイノリティ／リベラルに対する「アンチ」という意味ではなく、周縁性や非正規性のことを意味する。

弱者男性とは、すなわち、非正規化され、周縁化されたマジョリティ男性たちのことである。

正規の雇用、正規の家族像、正規の人生、あるいは正規とされる「男らしさ」、覇権的な男性性……等々の「正規性＝正しさ」から脱落し、逸脱した、多数派の中の一部の男性たち。それが弱者男性だ。

それをたんに個々人の運不運や幸不幸の問題である、と言ってしまうと、自己責任の問題になってしまう。たとえば金持ちのイケメンでも不幸な奴はいるし、幸福な貧者もいるだろう。そういう話になって、非正規性の意味がうやむやになってしまう。

特権集団としての多数派の男性たちの中にも、幾つかの層がある、と述べてきた。様々な形で正規性から脱落した男性たち――男性学では従属的な男性とか、周縁的な立場の男性たちと呼ばれてきた――が存在する。その「弱さ」はしばしば社会的に見えにくく、あいまいでグレーな領域にある。

それは半ばまでは制度や社会の問題であるし、半ばまでは本人に固有の問題、実存の問題であると言える。

たとえば男性の「つらさ」ということがいわれる。

しかし、男性特権を持つといわれる多数派男性たちにとって「つらさ」とは何だろうか。

たとえば「男もつらい」「男だってつらいんだ」と言ってしまえば、女性や性的マイノリティとの比較において「女性や性的マイノリティもつらいだろうが、男性もつらいんだ」という優越を競うニュアンスになってしまう。あるいは、リアクションになってしまう。

他方で「男はつらい」という言い方をすると、「男性一般はつらい」という被害者性を強調した意味になって、主語（私たち＝男たち）があまりにも大きくなりすぎてしまう。

フェミニストの江原由美子は、「男のつらさ」に寄り添うことは大切だが、「男はつらいよ型男性学」のような言説は、かつて存在した男性特権を取り戻すべきだという話になってしまえば、ジェンダー平等を目指す立場とは逆の話になり、「フェミニズム叩き」や「マイノリティ叩き」に陥りやすくなってしまう、と論じている（「フェミニストの私は『男の生きづらさ』問題をどう考えるか　つらさに寄り添うのは当然、ただ…」、https://gendai.ismedia.jp/articles/-/66706）。

では、これらに対し、「男がつらい」という言い方はどうだろう。

この言い方ならば、せめて、「（この私にとって）男がつらい」という意味になるのではないか。

つまり、他者との比較や優越の話ではなく、「この私」にとって「男らしさ」という正規とされる規範性それ自体がつらいし、抑圧的なのだ、というニュアンスが出てくるのではないか。

そしてそれは男性特権の回復を目指すのではなく、「平等」へと開かれうるような「生きづらさ」の表明になりうるのではないか。

江原は述べている。「『男性のつらさに寄り添いつつ、男性アイデンティティを開いていく』ような精妙な男性学の展開を、期待したい」(同)。

男がつらい。

多数派の男性たちであっても、ひとまず、そう言っていい。声に出していい。苦悶の声をあげていい。

その「つらさ」には、さまざまな複雑な要因、社会的・制度的な諸問題が絡まりあっているはずだ。

重要なのは、弱者男性の当事者たちが、自分たちの問題として、自分たちの力で、その「つらさ」を内側から解きほぐしていくことである。

自分の「つらさ」の原因を作り出す「敵」がどこかにいる。短絡的にそうした話ばかりにしてしまえば、それは「陰謀論としてのアンチ・フェミニズム」や「敵としてのリベラルへのアンチ」に行き着いてしまいかねない。

弱者男性にとって尊厳とは何か

すでに述べたようにぼくは以前『非モテの品格――男にとって「弱さ」とは何か』という本を出したのだが、この本の議論はネット右翼やミソジニストと紙一重ではないか、という感想をいくつかもらった。

確かに、ぼくの中には女性憎悪と紙一重の女性恐怖のようなものがある。その事実を否定しない。否定できない。

しかし、ぼくの中には、その事実を引き受けたうえで、非モテから攻撃的なインセルへと闇落ちしかねない人間になお残っている尊厳を――「弱者男性の尊厳」はいわゆる

「男のプライド」なるものとは別物ではないだろうか——何らかの形で、脱暴力的かつ反差別的なものとして取り出してみたい、という気持ちがあった。

『非モテの品格』の中では、依存症当事者の知見などを参照し、男の弱さとは自分の弱さを認められない弱さではないか、と論じた。その上で、自分の弱さ（無知や無力）を受容し、そんな自分を肯定し、自己尊重していくことが大事である、と書いた。

もしかしたら、地位も権力もあって己の特権に無自覚でいられる男性たちよりも、弱者男性たちのほうがまだ「解放」に近いのではないか。

これはどこか宗教的な理想論（いわゆる「解脱論」）に聞こえるかもしれない。そういう側面がないとは言わない。しかしメンズリブ的な意味での「解放」とは、宗教的な「救い」とはやはり別物であるはずだ。

ぼくたちの問いは、すでに、個人的で実存的な問題を超えて、「非正規的な男性たち」や「弱者男性たち」が自分たちにとっての新しい生の思想をどんなものとしてつかみ直すか、この社会をどう変えていくか、という共同的＝集団的な問題の次元に入っている。

他者からの承認を期待することは、それが満たされないと、被害者意識や攻撃性を生んでしまう。

それならば、他者からの承認を期待するのではなく、もっとアクティヴに、当事者としての自覚を持っていくべきではないか。自分たちをマイノリティや社会的弱者と呼べるとは思わないが、それでも、非正規男性（弱者男性）としての当事者性を自覚していくこと。

承認から自覚へ。そして責任へ。

弱者男性としてのぼくたちにもまた、そうした意識覚醒が必要なのだ。

非正規的で周縁的な男性たちは、もしかしたら、男性特権に守られた覇権的な「男らしさ」とは別の価値観——たとえば成果主義や能力主義や優生思想や家父長制などとは別の価値観、すなわちオルタナティヴ（代替的）でラディカル（根源的）な価値観——を見いだしていく、というチャンス＝機縁を与えられているかもしれない。

誰からも愛されず、承認されず、金もなく、無知で無能な、そうした周縁的／非正規的な男性たちが、もしもそれでも幸福に、まっとうに——誰かを恨んだり攻撃したりしようとする衝動に打ち克って——生きられるなら、それはそのままに革命的な実践になりうるのではないか。

そしてそのようなライフスタイル、いや「生きる姿勢」は、後続する男性たちにとっても小さな光となり、勇気となりうるだろう。

弱者男性たちの問いはここからはじまる。

第2章　中高年男性にとって孤独とは何か

統計にみる日本の男女格差

前章では弱者男性の当事者視点から物事を考えてみたが、本章では、少し引いた視点からみて、統計データなども参照して、そもそも日本の男女格差はどの程度のものなのかを見てみよう。

そこから、日本の男性たちが置かれた状況を考えてみたい。

世界経済フォーラムによる「ジェンダーギャップ指数報告書」（二〇二一年版、https://www.weforum.org/reports/global-gender-gap-report-2021）によると、日本は世界一五六か国中一二〇位。内閣府男女共同参画局の広報誌『共同参画』二〇二一年五月号（https://www.gender.go.jp/public/kyodosankaku/2021/202105/pdf/202105.pdf）にも書かれているように、これは「先進国の中で最低レベル、アジア諸国の中で韓国や中国、ＡＳＥＡＮ諸国より低い結果」である。

また同報告書ではジェンダー格差指数を「経済」「政治」「教育」「健康」という四つの分野に分けて示しているが、ざっくり確認すると、日本は女性の政治参加（国会議員の男女比、閣僚の男女比など）が一五六か国中一四七位で非常に悪い。女性の公平な経済参加の機会もかなり低い値であり、順位は一五六か国中一一七位である。

教育分野は九二位である。これも高いとは言えない。数値を見ると、日本の女性は初等教育の在学率、識字率は一位である。しかし高等教育の在学率は一一〇位と、それに比べて（全体の平均値を上回っているものの）低い数値になる。ちなみに、先進国には「女性の方が大学進学率が低い」という国はほとんどなく、二年制の短大が多いことも日本に特有の問題のようだ。

総じて日本は、健康面や義務教育の男女平等という面では優れている。しかし女性の政治参加、雇用機会や労働環境の面では非常に大きなギャップがあり、また高等教育（大学など）についても差別がある。そうした評価になりそうだ。

たとえば「女性の社会進出が進んだ」と漠然と考えられているかもしれないが、言うまでもなく女性の就職先は非正規雇用が多く、依然として女性の非正規比率は男性の二倍以上である（男性の賃金は平均して女性の約一・五倍。管理職ポストの九割は男性。国会議員の九割前後が男性、など）。

また日本はシングルマザーの貧困率が異様なほど高いことも知られている。日本ほどシングルマザーが就労している国は少ないのに、適切な公的支援が不足しているために、働けば働くほど貧乏になっていく。そんないびつな仕組みがあるのだ。のみならずシングルマザーたちは、生活保護バッシングと関連したレッテルを貼られている。実際の生活保護受給者は、病気の高齢者や重度障害者などが主であるにもかかわらずだ。

つまり、日本の場合、女性の労働参加率は高いものの、非正規雇用の高さが示すように、性別役割分業という不平等が根深くある。

経済協力開発機構（ＯＥＣＤ）の調査では、世界中で女性は男性の一・九倍の育児・家事などの無償労働を行っているが、日本ではこの格差が五・五倍にもなり、先進国の中では最大である。「経済・労働市場での男女格差と、家庭での男女格差は表裏一体なのだ」（山口慎太郎「家庭内の男女格差が大きい日本　男性を家庭に返そう」、https://style.nikkei.com/article/DGXKZO71874570U1A510C2TY5000/）。

二〇一六年の総務省の調査によると、有配偶男女の一週全体の平均家事関連時間は男性が四九分、女性は四時間五五分で家事の九五％を妻が行っている（「平成28年社会生

活基本調査結果」総務省統計局、https://www.stat.go.jp/data/shakai/2016/kekka.html)。

数値的には、男性も六〇代になると家事時間が増えていくが、これは退職によって家にいる時間が長くなる、あるいは妻が死去して自分でやるしかない、といったケースが増えるためだと思われる。いずれにせよ、内閣府「高齢者の生活と意識に関する国際比較調査」(二〇二〇年度版、https://www8.cao.go.jp/kourei/ishiki/r02/zentai/pdf_index.html)によれば、日本の高齢男性の「家事を担っている」割合は二六・六%であり、調査対象四か国(日本、アメリカ、ドイツ、スウェーデン)の中で最下位である(他三か国の高齢男性の「家事を担っている」割合は七割以上)。

男性特権にもかかわらず、男性たちはなぜ不幸なのか

以上を踏まえた上でもう一度考えてみたい。

「男性は女性に対して有利な立場にある」「男女格差が大きい」のは数値的に見ても疑

いないのだが、にもかかわらず、これもしばしばいわれるように、日本の男性たちがあまり幸福そうではないのは、なぜだろうか。

ＮＨＫクローズアップ現代「男はつらいよ２０１４　１０００人〝心の声〟」が話題になったことがある。番組内で紹介されたのは「いま幸せだと感じている男性が三割に満たない」というデータである。日本の男性の幸福度は女性と比較すると全体的に低い。

あわせて、内閣府男女共同参画局『男女共同参画白書』（二〇一四年版、https://www.gender.go.jp/about_danjo/whitepaper/h26/zentai/index.html）の「特集　変わりゆく男性の仕事と暮らし」も注目された。この特集では、二〇〇一年の発行以来、初めて男性問題が取り上げられることになった。

その中で、「現在幸せである」と感じている男女を就業状態別に見ると、（「正規雇用者」以外の）全てにおいて女性が男性を上回っている。

男女とも、最も幸福度が高いのは「学生」であり、最も低いのは「失業者」だ。「学生」の次に幸福度が高いのは、男性は「自営業主・家族従業者」「正規雇用者」「退職者」の順になる。一方、女性は「退職者」「主婦」「自営業主・家族従業者」の順である。

「非正規雇用者」の幸福度は、男女ともに平均を下回る。ただし女性の場合——これが大きなポイントなのだが——、「正規雇用者」も「非正規雇用者」とほぼ同水準の低さになっている。

まとめると、男性は全体として幸せと感じている割合が女性より低い。ただし正規雇用者に限れば女性よりも男性の方が幸せと感じている割合が高くなる。

女性は、主婦や退職者（あるいは自営業者・家業従事者）などの場合、幸せと感じる割合が高い。しかしくりかえすが、特徴的なのは、正規雇用で働いている女性の幸福度が著しく低いことだ。これは男性の場合に正規雇用者の幸福度が上がるのと完全に対照的である。

女性正規雇用者の幸福度が低いというのは、日本の雇用環境が女性にとっていかに働きにくいか、幸福からほど遠いかを示すものだろう。また日本人の幸福度が、きわめて強く仕事（正規雇用）に左右されることも示している。

逆にいうと、退職したり、正規雇用の座から滑り落ちると、男性たちは不幸になるリスクが高い、ということだ。素朴で当たり前なようだが、あらためてなぜそれが「素朴」

で「当たり前」に感じられてしまうのかを、きちんと見つめ直しておく必要がある。

家庭内の男女格差

それと同時に、家庭内での男女の意識の差も際立っている。

ここでもざっくりと述べるならば、戦後日本の男性たちのあるべき働き方や生き方は、日本型の雇用システム（終身雇用、年功序列、企業内福祉など）のもと、一つの会社に帰属して、生活の多くを捧げて働き、給与所得によって家族（妻、子ども）を養っていくものとされてきた。

日本では一九八〇年代に、他の先進諸国よりも強力な「男性稼ぎ主中心型」の生活保障システムが完成したと言われる（大沢真理『現代日本の生活保障システム――座標とゆくえ』岩波書店、二〇〇七年）。

確かにこのシステムは雇用と生活の長期安定をもたらしたのだろう。しかしそれらの安定は、長時間労働、転勤・転属のリスク、無限定な職務内容の重荷、などと引き換えのものだった。

しかもこのシステムにおいては、「夫は仕事＋妻は家庭で主婦あるいはパート労働」という性別役割分業（妻による家事・育児・介護などのサポート）が大前提とされる。一九八五年に男女雇用機会均等法が制定され、女性差別撤廃条約を批准したにもかかわらず、である。

そこでは「男性会社員＋専業（パート）主婦＋子ども」という家族像が理想的なモデルとされた。そして個人の所得・生活保障を（国家による公的保障よりも）「会社」＋「家族」によって支えてきた面がある（たとえばシングル世帯、共働き世帯は、税制・社会保障制度の面で不利）。

このシステムが一般化したのは、じつは、戦後の特定の時期のことにすぎない。それは決して普遍的でも当たり前でもなかった。

戦後の日本は、景気変動や経済危機などのリスクを、非正規のパートタイム労働者へと構造的に押し付けることで乗りきってきた。パート労働者／主婦層が、裏面からいえば、男性正社員たちを守るためのバッファ（緩衝材）になってきたのだ（たとえば、へルパー事業所などの介護報酬はパート主婦を前提としており、介護労働者の低賃金問題につながっている）。

しかし、一九九〇年代以降になると、雇用・労働・経済構造が大きく変化し（ポスト工業化社会）、戦後日本的な「男」のライフスタイルは不安定なもの、不確かなものになってしまった。

先進諸国では規制緩和が進み、非正規雇用者の数が国際的に増大した。また労働のあり方が「女性化」（サービス労働化、ケア労働化）した。逆にいえば、男性たちにも様々な対人サービスやケアワーク的な能力が求められるようになった。

他にも市場のグローバル化による人材配置・活用の柔軟化が進んで、製品の生産過程が細分化し、事業・業務のアウトソーシングが積極的に行われた。多様化する顧客ニーズに対応するために営業・業務時間が拡大した一方、さらなるコスト削減のため、仕事量の変化に応じて労働者の数を調整する必要性も生じた。

これに応じて、家庭生活のあり方も不安定になった。未婚化・晩婚化・非婚化などと呼ばれる現象である。

当然のことながら、男性による家事・育児・介護の分担がより積極的に求められるようになった。一九九九年には当時の厚生省が「育児をしない男を、父とは呼ばない。」と宣言し、後には「イクメン」などの造語も生まれた。

このように、生き方のモデル（規範）が崩れていく中で、男性たちは仕事・家庭のバランスや組み合わせをあらためて自己決定しなければならず、その結果を自己責任として引き受けねばならなくなった。

しかし、社会構造や経済状況は大きく変わったのに、「男性稼ぎ手モデル型」的な「男らしさ」とは別の働き方・生き方のモデルがまだうまく見いだされていない。

高齢男性たちの性的な孤独感

高齢者男性についての意識調査や統計を調べてみると、高齢者男性たちの意識が不思議なほどに年齢とともに「成熟」も「成長」もしていかないということに、いささか驚かされてしまう。

高齢になっても若い女性との何らかの性的な関係を望んだり、妻にケアされて精神的に支えてもらえる人生が幸せ、という感じのままなのだ。

たとえば社会学者、坂爪真吾の『セックスと超高齢社会――「老後の性」と向き合う』（NHK出版新書、二〇一七年）によれば、人生の「最後にやり残したこと」として、情熱的な恋愛をあげる男性高齢者が想像以上に多いという。

さらにそうした男性高齢者のニーズに対し、「シニアのための性愛講座」「下半身のアンチ・エイジング」など、「死ぬまでセックス」という風潮を煽るマーケットが存在する。坂爪が例示するのは、愛人契約市場、高齢者専門風俗、アダルトコンテンツの高齢化……などのケースである。高齢者ストーカーも問題になっているという。

その背後には、日本の高齢男性たちが置かれた孤独感がある。

相応に年を取っていけば、性欲や承認欲求の問題は自然と解決して、人生に対して達観していく。漠然とそう考えている人も多いかもしれない。しかし、それほど都合よくはいかないのだ。これはもちろん一部の権力や地位を持った男性たちの問題に限らない。それはグロテスクなことに思える。

たとえば、パートナーを失うと、男性はガクッときて、幸福度がものすごく下がることが知られている。

これに対し、女性たちは、夫が死んでもそれほど幸福度が下がらない。これは、人生の中で積み上げてきた女性同士の友達関係や、地域コミュニティとの関係がそれなりにあると言われる。そもそも女性は、夫ひとりに依存していない。地域にもそこそこ根ざして、夫との死別後も楽しくやっていける。男性よりもそうした割合が多い。

厚生労働省の統計によると、五〇歳以上の夫婦の離婚件数は、一九七〇年は五四一六件だった。これが一九九〇年から二〇〇〇年にかけて急増し、近年は六万件前後で推移している。四〇年間で約一〇倍という計算である。

原因の一つとして、二〇〇七年からの年金分割制度の改革が挙げられるが（簡単にいうと、年金の最大二分の一を妻がもらえるようになった）、もちろんそれだけとは言えない（ちなみに統計的には、無職の高齢男性の場合、家事分担率が低いほど、熟年離婚率が高くなる傾向にあるのだという）。

たとえば「世界価値観調査（World Values Survey）」にある「あなたはどれくらい

幸福ですか」という質問の調査結果を元に、教育統計学者の舞田敏彦が執筆した記事「中高年未婚者の不幸感」(http://tmaita77.blogspot.com/2015/06/blog-post_7.html)では、三〇代から五〇代の日本人男性を「既婚者」と「未婚者」に分けた幸福度の結果が示されている。この中で、「全く幸福でない」と回答した既婚男性はわずかに六・五%である。これに対し、未婚男性(独身男性)の何と四三・五%が「全く幸福でない」と回答した。

さらに独身男性は幸福度が低いのみならず、様々な健康リスクにさらされることが分かっている。未婚男性が心筋梗塞で死亡するリスクは、既婚男性の三・五倍、心臓発作による死亡リスクは二・二倍、呼吸器官系疾患による死亡リスクは二・四倍、未婚者の自殺率は既婚者と比べ四五歳から五四歳で二・一倍、五五歳から六四歳で二・四倍である。

それだけではない。三浦展『下流老人と幸福老人――資産がなくても幸福な人　資産があっても不幸な人』(光文社新書、二〇一六年)のデータによると、一人暮らしの高齢男性にとって、子供や孫がいることは必ずしも幸福につながっていない。一方、一人暮らしの高齢女性にとっては、たとえ離れて暮らしていても、子供や孫の存在が幸福度アップの大きな要因になる。

また友人の数によってシニア女性の幸福度が上がるのに対し、男性は友人の人数と幸福度の相関関係が低い。これは友達の量よりも、質を求める傾向が男性にあるからだという（なかでも学生時代からの友人がいるかどうかが大きい）。

一人暮らしのシニア男性の場合、同性の友人よりも、親密な女性の存在が幸福度につながる。親密な女性がいない人のうち幸福なのは三二％、いる場合は五八・三％で、倍近い開きがある。女性の場合、異性の友人がいる・いないによる幸福度の差は、男性ほど大きくない。

ＮＰＯ法人「老いの工学研究所」の二〇一三年の調査「〝充実した老い〟の実現に関するアンケート」（https://www.highness-co.jp/churakubou/detail/72）によると、幸福度が八〇点以上と高かった高齢男性のうち、約八割が配偶者と同居している。そして一人暮らしの場合、幸福度が高い人はわずか四％（！）しかいなかった。

ちなみに、同アンケートによると、「今の配偶者と結婚して良かった」と回答した割合は、男性が八割超、女性が六割ほどであり、ここにも非対称なギャップがある。そして高齢女性の場合は、幸福度が高いことに、結婚状況や配偶者の存在が男性ほど大きく関与していない。むしろ経済的な不安がないこと、健康面での不安が少ないことが女性たちにとっては重要である。

高齢男性たちはなぜ幸福を感じにくいのか

NPO法人「老いの工学研究所」理事長の川口雅裕の記事「男性高齢者の充実度・幸福度が低い理由」(https://www.insightnow.jp/article/8383)によれば、人生のそれぞれの時期の発達課題をうまくクリアできず、老年期に幸福を感じにくいのは、次のような男性である。

・身体的な衰えを受け入れられない(嘆く、抗う)
・〝稼ぎ手〟以外の役割が見いだせない
・配偶者に依存しすぎている

・趣味や地域でのつながりが持てない
・社会貢献への意欲が乏しい
・高齢期にそぐわない住まいや周辺環境である

それまでの人生の中で女性たちは、会社での仕事＝賃金労働以外にも趣味や地域活動、友人関係などで様々な役割を見いだしてきた。これは、政治や正規雇用の場から排除されているために、見いださざるを得なかった、という側面もあるだろう。それに対し、仕事中心の男性は、会社への帰属を失うことが、そのまま、居場所や社会的役割のすべてを喪失することにつながりがちなのである。

高齢男性の幸福度や生活満足度が、就業者／非就業者という違いによって、ここまで大きく異なるのは、先進国では日本だけだという。

ちなみに、これは高齢男性に関するデータではないが、東北新社が同社運営のサイト「家men」で実施した「家族を持つ男性の幸福度」に関する調査（全国の二〇～四〇代の、子どもを持つ既婚男性二四四四名が対象）によれば（https://prtimes.jp/main/html/

rd/p/00000081・00014654.html)、家事をする時間がある程度長い男性の方が幸福度が高い、という結果が出ている。また同調査では「家の中の事だけでなく、外との繫がりを大切にしている男性が幸福度が高い」と分析されている。

日本の高齢男性は、高齢女性に比べて、(仕事以外の)地域参加・市民参加の度合いが極端に低いことが他の調査でも指摘されている。

ただし、ここには地域差もあって、都市部よりも農村部の方が、引退後の男性たちは地域参加に熱心だという。楠木新『定年後――50歳からの生き方、終わり方』(中公新書、二〇一七年)によれば、東京と地方の定年後はライフスタイルが異なる。地方においては、農作業や自治会の役員など、定年後もいろいろな役割があるが、都会ではそうではない。都会では会社組織を離れると社会とつながる機会がとても少なくなる。

以上をまとめると、次のようになる。

・男性の幸福度は、会社での労働に強く依存している。
・しかしそれは、家庭における妻の存在、つまり「配偶者のケア、家事負担」に大きく支えられている。

・育児・家事・介護のスキルを身につけていない人が多い。

・社会的・市民的義務（ボランティアなど）を軽視し、仕事以外の人付き合いを避けてきたため、地域社会とのつながりも弱い。

これらの要素が退職、熟年離婚、妻との死別などをきっかけとして、高齢男性を急速に孤立へと追いやっていく。

高齢男性の自殺は、労働問題や経済問題のみならず、孤立が要因であることが多いと言われる。男性が理想とするライフスタイルとは、男性稼ぎ主モデル＋妻依存に大きく傾いているのである（子どもや孫の存在は、統計的には必ずしも大きくない）。

そして、もちろん中年男性や若い男性にとっても、ここまで確認してきたような高齢男性の孤独感は、決して他人事ではない。

男性たちも依存先を拡げていこう

世の中高年男性たちは、職場と家族以外での人間関係を作るのが苦手で、地元や地域コミュニティなどにネットワークを持たない人も多い。経済的・精神的な困難に直面しても、助けてもらえる先が乏しかったり、そもそも誰かに助けてもらえると想定していなかったりする。

さらに男性は弱音を吐いてはいけないと思い込み、自身の弱さを認められず、他人や公的機関に助けを求められないまま、孤独をこじらせていく。

こうした形での日本の中高年男性たちの孤独に対し、果たしてどんな実践的な処方箋が考えられるだろうか。

「男性も職場と家庭以外の帰属場所を持とう」という話になるが、そうするといまだに男性たちは、「早期退職し地方に移住して自給自足」とか「脱サラしてラーメン店を開業」とか「そば打ち」とか、極端でストイックなイメージに捉われやすいように思われる。

もちろんそれらの選択肢が悪いわけではない。しかし、そこにはイメージの貧しさがあり、偏りがあるのではないか。もう少し多様な選択肢があっていいし、ゆるやかなライフスタイルの変革があっていいだろう。

たとえば、身体に障害をもつ小児科医の熊谷晋一郎は、「自立とは依存先を増やすことである」と述べている。

だとするなら、月並みな意見だが、常日頃から仕事・家族以外にも複数の「依存先」を作り、ポジティヴな意味でのタコ足配線を増やしていくことが必要になってくるのではないか。そうすることができたら、男性たちも、たとえ完全な形では人生の孤独を消しされなくても、孤独を徐々に緩和し、分散していくことができるのではないか。

男性は「男のプライド」にこだわったり、能力主義を重視して何事にも効率的で意味のあることを求めがちだ。たとえば病気でリハビリ中の身でも「おれはあいつより努力しているから回復が早い」などと、競争意識や能力主義にとらわれてしまう。

日常の「ささやかなこと」や「無駄に思えること」に意味を見いだせないことが、「男」らしさの呪縛なのかもしれない。日々の「無意味な楽しさ」に巻き込まれてそれを味わえばいいのに、なぜかそれを積極的な「男の趣味」や「〜道《どう》」にしてしまう。そうしないと気が済まない。

ささやかな事柄のようで、案外この辺りに重要な問題が隠れている気がする。

仕事に限らず趣味や地域関係などを増やして、できる範囲から人間関係を少しずつ拡げていく。そこから、「男らしさ」に過度に依存せずにすむようにカスタマイズされた生き方を探し出していく。

これまでの男性たちの文化は、結婚せずに独身で、特にエリート会社員でもなく、高い意識をもって社会貢献しているわけでもないが、「生きることはそれでも楽しい」「そこそこに幸福だ」——そのような人生の文化的なモデルをあまり作ってこられなかったのかもしれない。

中年男性だってべつに、犬猫と暮らして幸せだって構わないはずだ。パンケーキやタピオカをインスタにアップして男友達と楽しんでもいいはずだ。

そういった「そこそこ」に人生を楽しむためのモデルがあまりなく、保守的で家父長制的な男らしさか、リベラルでスマートな男性モデルか、それくらいしか選択肢がない。そうした規範的なライフスタイルからこぼれ落ちたときにも、そこそこに幸福でそれなりに自由な生き方ができるというイメージを持っていない。

近年「オタク男性」や「草食系男子」や「イクメン」などのモデルが作り出されてきたように、男性の生き方の規範にももっとさまざまなバリエーションがあっていいし、選択肢や物語や文化があっていいだろう。

それほど冴えた人生ではないし、豊かでもないし、「正規」の会社員や家族を持ってもいないけれど、そこそこ楽しく幸せでいられる。そうした光の当たらない中高年男性たちがささやかに集まって――ホモソーシャルではなく、あるいはブラザーフッドのようなものでなくても――楽しく過ごせる、本心を語り合ったり相互ケアしたり弱さをシエアしたりできる、そんなポジティヴな「物語」がもっとあっていいだろう。

冴えない男性たちもだらだら、まったり楽しんでいい

たとえば福本伸行のベストセラー作品『カイジ』シリーズのスピンオフに『1日外出録ハンチョウ』（原作・萩原天晴、漫画・上原求、新井和也、協力・福本伸行）という

マンガがある。

『カイジ』の中でも名作と名高い「地下チンチロ」編の登場人物、ハンチョウこと大槻（四六歳）、その腹心の沼川（三五歳）、石和（三四歳）が主要人物である。

彼らは悪徳企業の帝愛グループに借金をして、それを返済するために地下労働施設で働いている。地下には「ペリカ」と呼ばれる独自通貨が流通していて、規定のペリカを支払えば、地上へ出て一日外出ができる。

ハンチョウたちは地上での食事や観光、仲間うちでの遊びなどを様々な形で満喫する。連載当初は、ハンチョウに一般人へのマウンティング意識があったり、いわゆる「飯テロ」が中心の描かれ方をされていたが、次第に物語は、中年男性たちが何気ない日常を楽しむこと全般へと拡がってきた。

中心となる三人の他にも、監視役の黒服・宮本、シングルファーザーの黒服・牧田、寡黙な料理の達人・柳内、借金を完済し地下から解放された善良な木村などの人物が出てくるが、彼らの多くは中年男性たちである。

ポイントになるのは、中心人物たち（の多く）が結婚しておらず、恋人もいず、特にエリート社員でもなく、イケメンでもない、冴えない、中年の地味なおじさんたちであることだ。格別に意識が高いわけでもない。社会貢献の意志などもない。

そのような志の低いおじさんたちが、おいしいご飯を食べたり（しかもそれは特別に高額な「グルメ」ではない）、旅行や観光をしたり、趣味を共有したり、スーパー銭湯に行ったり、一緒に部屋でダラダラまったり過ごしたりするのを楽しみつくす。

近年、多数派男性としての「おじさん」の無自覚さや差別意識が批判されることが多くなった。『ハンチョウ』は、そうした男性＝「おじさん」たちにも、無理なく、自然な形で、様々な気付きを与えてくれるだろう。

ハンチョウたちはべつに善人でも優等生でもなく、欠点も卑劣さもダメさも抱えた男性たちである。彼らはいわば「ふつうの男性」に近い男性たちであり、その点でも身近さを感じさせる。

光の当たる冴えた人生ではないし、華々しくもない。けれど、それなりに趣味があって楽しいとか、気の合う中年の仲間がいてそれで満足とか、誰からも承認されなくてもささやかな満足があればそれでいいとか、そういう人生の形。そしてそれを支える男性たちのささやかな友情関係。非差別的で平和的なホモソーシャリティ。『ハンチョウ』はそうした日々の喜びを地道に、丁寧に（作中の比喩でいえばぬか漬けのように）積み重ね、発酵させているのだ。

くりかえすけれども、現代日本の男性たちには、そういったゆるやかで肯定的な人生のモデルがあまりないのかもしれない。

企業戦士的な男らしさや、家父長的な父親像や、リベラルでスマートなイクメン的な男性や社会起業家のイメージしか与えられていない。オタクや草食系男子などのモデルもあるけれど、多数派の男性たちにももっと様々な、多様な、そこそこ楽しく幸福で、あまり暴力的ではない人生のモデルがあっていいだろう。男性たちにもそのような解放感が必要である。

「すみっコ」としてのおじさんたち

サンエックスのすみっコぐらしが好きだ。

サンエックスは、たれぱんだ、リラックマ、まめゴマなどの脱力系キャラクターで有名な会社である。

特に、脱力が行きすぎて、不気味な無能さのカタマリになり、輪郭すら溶けてゆるんでいく、という「たれぱんだ」には、学生時代から思い入れがあった。たれぱんだの前身の、パンダのふわふわシールも持っていた。

ゆるキャラブームは少し下火になったかもしれないが、あいかわらずぼくたちはキャラクターやかわいいものたちに囲まれている。

仕事や人間関係は鬱々とするものばかりだし、ネットも殺伐としているから、動物やかわいいものの写真や動画ばかりをついついリツイートし、「いいね！」してしまう。

そうしたキャラクターたちはいにしえの八百万《やおよろず》の神々や付喪神《つくもがみ》のようでもある。いまや人間は現実と虚構の壁を越えて、進化するキャラたちと新たな共存をはじめているのだろう。

すみっコぐらしは、脱力系というにとどまらず、かわいさの中に深い悲しみがある。

たとえば、北極生まれなのに寒さに極端に弱い「しろくま」。痩せて理想の自分になりたい恥ずかしがり屋の「ねこ」。カッパとしての記憶を喪失して、自我の不安に悩み、自分探しを続ける緑色の「ぺんぎん？」。人間に追われて母親と離れ、恐竜であることを仲間にもカムアウトできず罪悪感をいだく「とかげ」。

どのキャラクターも、社会的なマイノリティとは言わずとも、この世界の中で生きづらいメンタルを抱えた存在たちであり、弱者性を持っている。

さらには食べ残された脂身部分の「とんかつ」、「えびふらいのしっぽ」、「ざっそう」や「ほこり」（！）に至っては、ほとんど狂気のような無能さ、無用さを感じさせる。

この社会から廃棄されたり、掃き捨てられたりするものたち。見捨てられるのではなく、そもそも人々の目に見えてすらいないものたち……。

そんなすみっコたちが、この社会の周縁、すみっこに身を寄せ合って、仲間たちとの小さなコミュニティを作り、ほのぼのと生きていくのである。

競争や、承認や、生産性や、能力主義とは無縁なままに、である。そこには、何ができるかではなく、お互いが存在していることそのものを肯定し合う共同性がある。

現代の「おじさん」たちにとっても、そんな「すみっコ」たちの姿は、新たなライフスタイルの参照枠になり、物語になりうるのではないだろうか。

たとえば劇場映画二作目となる『映画すみっコぐらし　青い月夜のまほうのコ』（二〇二一年）で、すみっコたちは各々に固有の「穴」――欠落感や劣等感、マイノリティ性――を抱えており、そのような欠落感をいつの日か乗り越えることを夢見ている。

しかし、その心の「穴」を埋めてしまうと、各々のキャラクターの肝心な個性も消えてしまう。見上げる月に絶対に手が届かないように、彼らの存在と夢の間には残酷な距離があり、その「穴」や距離は永遠に埋められないが、だからこそ、それぞれの生にとっての「夢」を持つことが大切になってくる。

作中では、魔法使いが、心からの善意ですみっコたちの欠落＝「穴」を消し去る魔法を使う。すると、アイデンティティ不安を抱えたぺんぎん？がとつじょ自己啓発的になったり、自分の身体に自信のなかったねこがポジティヴになったりする。

確かにそれは功利主義的な意味では幸福度が上がった状態と言えるのかもしれない。しかし、彼らは魔法によってほとんど別人格になってしまい、自らの存在根拠を見失ってしまうのである。それは非常に不気味で、ぞっとする光景だ。

そこには「ありのままでいい」「だめなままでいい」という単純な形での承認を超えるような、ラディカルな存在肯定の形がある（ちなみに映画第一作『すみっコぐらし　とびだす絵本とひみつのコ』は、『ジョーカー』よりも陰惨な映画であるとか、虚淵玄《うろぶちげん》の作品のように救いがないともネットで評された）。

すみっコたちの「可愛い」は「可哀想」と表裏一体なのである。それは癒しとは少し違う。「可哀い」とでも言うべきだろうか。

現代の若者言葉で使われる「エモい」は、古文でいう「をかし」（感覚的かつ知的な感動）よりも「あはれ」（情緒的な感動）に近い感情を表しているのだという。

なんの生産性も能力もなく、無用で儚く憐れな小さきものたち、それを大切に慈しむ美的な感情としての「もののあはれ」（かわいい≒かわいそう！）。その感情を、かつてのこの国の文化は、人間の道徳的なものの源泉であると考えてきた。

それならば、他者排除的にならないような「もののあはれを知る」とは、どういうことだろうか。

かわいいものたち、八百万の神々のようなゆるキャラたちを愛することには、人生の重要な意味が隠されているのかもしれない。

たとえ道徳的な善悪がわからず、物事の真偽の基準がわからなくなっても、もののあはれ（エモい！　可愛い＝可哀想！）という感情を素朴に知る人こそが、他人や自然の心（情）がわかる、まっとうな人の道を行けるのだろう。どんなに意識が低く、志が低い人であっても。

ゆるキャラが好きなんて男らしくない、おじさんのくせに恥ずかしい、と切り捨てられる時代はとっくに過ぎ去っただろう。

おそらく「おじさん」の中にだってなにがしかの可愛さがあり、可哀さがある。それが「男」たちの自己憐憫や現実逃避だとは思わない。この過酷な資本主義と能力主義と生産力主義の社会の中で、無能で、無力で、無用なものとされていくのは、いったい「誰」なのだろうか。

「すみっコぐらし」の世界のように、たとえこの世界の残酷なルールは変えられないとしても、「片隅」（弱者性、非正規性）から逃れられないとしても、この世界の中にあるスキマやゆるみを利用して、いつか男性たちも、心からの安息の中で眠りにつけるといいと思う。

第3章　弱者男性たちの怒りと叫び

インセル（非モテ）とは何ものか

近年、非モテ（Incel）の存在が注目されている。インセルたちの反逆や暴力という現象が国際的な社会問題になってきたからだ。

Incelとは Involuntary Celibateの略語である。すでに一度述べたように、望まない禁欲者、非自発的な独身者、というような意味だ。もともとはカナダの女性がウェブ上で用いた言葉で、当初は女性嫌悪やアンチ・フェミニズムなどの意味合いは含まれていなかったという。

しかしやがて、非モテを自覚あるいは自称する当事者男性たちが、匿名掲示板などでインセルという言葉を積極的に用いるようになった。彼らの言動は、女性憎悪、暴力肯定、人種差別などと深く結びついてきた。

ひとまず重要なのは、インセルたちは必ずしも経済的な貧困層に属しているわけではないし、あるいは政治的マイノリティであるとも限らない、ということだ。インセルを語る上では、彼らの独特な孤独感、尊厳の傷つきや剥奪感がポイントとなる。

ちなみに拙著『非モテの品格――男にとって「弱さ」とは何か』はまさにタイトル通り、インセルにとって尊厳とは何か、という問題を自分事として試行錯誤するものだった。

インセルのカリスマ的存在とされるのが、エリオット・ロジャーである。二〇一四年五月二三日、米国カリフォルニア州アイラビスタで起きた銃乱射事件の犯人だ。ロジャーはYouTubeに犯行予告動画を投稿、犯行声明文（自伝）を家族や知人、療法士に送信したあと、事件を起こし、六人を殺害、一三人を負傷させ、直後に自殺した。享年二二歳だった。

ロジャーはその長大な声明文において、白人のブロンド女性と交際したいのに相手にされない、女性たちがヒスパニックや黒人の男性と付き合っているのが許せない、などと主張した。

またアレク・ミナシアン（犯行当時二五歳）は、二〇一八年四月二三日、カナダのトロントで、車を暴走させ次々と歩行者をはねた。一〇人が死亡、一五人が負傷した。ミナシアンは犯行直前のフェイスブックへの投稿で、エリオット・ロジャーを称賛・

崇拝し、インターネットの女性蔑視グループにこう言及している――「インセルの謀反はすでに始まっている！　全てのチャド【モテる男性のこと】とステイシー【モテる女性のこと】を倒してやる！　最高の紳士エリオット・ロジャー万歳！」「インセルの反逆はもう始まった。チャドとステイシーの支配を打倒せよ！　偉大なるエリオット・ロジャー万歳！」。

インセルたちのジャーゴン（仲間うちだけで通じる特殊用語）の一つに、ブラックピル（黒い錠剤）を飲む、というものがある。自分がインセルであると覚醒する、という意味である。由来は、アンチ・フェミニズム的な人々が用いた「レッドピルを飲む」という言葉にある。

これは映画『マトリックス』で、主人公のネオ（キアヌ・リーヴス）が青いピルと赤いピルのどちらを飲むか、と反乱軍のリーダー、モーフィアス（ローレンス・フィッシュバーン）から選択を迫られるシーンに関係する。青いピルを飲むなら、ネオはもとの冴えない日常に戻らねばならない。一方で赤いピルを飲むと、この世界は機械と人工知能によって支配された仮想的な世界にすぎなかった、という「真実」に覚醒する。

映画の中の暴かれた「真実」の世界においては、人々は機械に繋がれ、家畜や栽培植物のように電気エネルギーをしぼり取られ、偽物の現実の夢を強制的に見させられている。

つまりインセルたちは、男女平等なんて夢＝理想はフェイク（偽物）であり、男性たちが強いられた非モテという過酷な現実こそが「真実」である、男たちはブラックピルを飲んでその「真実」に目覚めねばならない、と呼びかけたのである。

「ダークヒーロー」としてのインセル

こうした国際的な動向の背景には、何があるのか。

有名なアクティヴィスト、フランコ・ベラルディは、『大量殺人の〝ダークヒーロー〟――なぜ若者は、銃乱射や自爆テロに走るのか？』（杉村昌昭訳、作品社、二〇一七年、原著二〇一五年）の中で、パリの同時多発テロ、コロンバイン高校の銃乱射事件、ヴァージニア工科大学のチョ・スンヒによる銃乱射事件など、世界中の銃乱射事件や大量殺傷事件について分析した。

ベラルディによれば、彼らの行動は「スペクタクル的【見世物的、劇場的――引用者注】な殺戮《さつりく》を伴った自殺」のようなものである。つまりそれは、現代的な「絶対資本主義」（金融資本主義）がもたらす絶望への「痙攣《けいれん》的」な反応なのだ。その意味で、彼らの大量殺人は「われわれの時代の主要な傾向を、極端な形で体現」している、とベラルディは述べる。

古典的なタイプの大量殺人者たちは、他者の苦痛を求めて快楽を得るサディスト的な特性を持っていた。しかし、現代の大量殺人者たちにとって、殺人とは「自分を世間に知らしめたいという精神病理的な欲求」の「表現」であり、自殺は「日常の地獄から脱出を図る方法」である。

ベラルディは、現代は「ニヒリズムとスペクタクルの愚かさの時代」である、と論じる。現代の「ダークヒーロー」たちの大量殺戮的な犯罪は、映画と観客、虚構と現実の境界線を消滅させ、うんざりするような愚かしいスペクタクルの中にすべてを溶かし込んでしまう。

スペクタクル社会（ギー・ドゥボール）の新たな段階としての絶対資本主義において、人々はいっそう現実から疎外（＝人間らしさの本質を失うこと）されるようになった。まさしく『マトリックス』や『ジョーカー』のように、である。

現代の「ダークヒーロー」たちは、大量殺戮という自滅的な表現行為によって、疎外から脱してリアリティ（現実性）を回復しようとする。このとき彼らは、大量殺人をほとんど現代アートのように行っているのだ。

ベラルディは、現代の金融資本主義の暴力――それゆえに再生産される大量殺人者たちの「自己表現」――を何らかの政治的処方箋によって解決しようとすることは不可能だ、とも述べている。

インセルやダークヒーローの暴力に対して、この社会は政治的に何もできない。かろうじて為しうるとすれば、それは「アイロニー」（皮肉）の戦略だろう、という。つまり、滑稽で悲惨な現実に対してアイロニーを貫くことによって、精神の自立をぎりぎり維持すること。もう、それくらいしかできないだろう、と。

インセル的な反逆の暴力は、一部の極端な大量殺人者たちだけの問題ではない。

たとえば精神科医の熊代亨によれば、「何者かになりたい」「何者にもなれない」と深く悩んだ人々が、新しい生き方や稼ぎ方を体現するかにみえるインフルエンサー（影響力の大きい人）のオンラインサロンにハマっていく（「『何者かになりたい人々』が、ビジネスと政治の『食い物』にされまくっている悲しい現実」『現代ビジネス』二〇二一年六月一三日、https://gendai.ismedia.jp/articles/-/84045）。

ところが、そこで本当に実用的な技能やコネを得られる人間は、あくまでもごく少数で、多くの人々は「有名な○○の身内である自分」という一時的な高揚感を得られるだけだという。それほどまでに「何者にもなれない」というアイデンティティの空洞は深い。

どんなに地道に働き真面目に生きたとしても、給与面はもとより、社会からの正当な評価や承認を得られず、切り捨てのような扱いを受けるだけではないか。だとしたら、チート（ズル）で楽な生き方をした方が合理的だろう。オンラインサロンにハマる人々の背後には、そうしたニヒリズムがある。

あるいはいわゆる「論破」も、インセルにとっての暴力のように、持たざるものたちの武器であり、リベラルエリート社会に対する叛逆という側面があるのかもしれない。

論破とは、たとえ教養や知性がなくても、ある種の話法と自己暗示さえあれば、文化人や年長者に「勝利」できる、というテクニックのことだからだ。

重要なのは、他者の「論破」のためには、地道な成長も努力も不要である、ということだ。だからこそ、論破という叛逆は、生まれたときから何かを奪われている者、努力も成長も望めない者たちにとっての、チートな武器になりうるのである。

階級脱落者としてのジョーカー

第1章で言及した『ジョーカー』の主人公、アーサーもまた、「弱者男性」を象徴する存在であり、現代社会におけるインセル的な男性の一人だった。実際にアーサーは、家族からの強い承認を望んだり、隣家の黒人女性との恋愛を妄想してしまうような男性である。

アーサーは、物語が進むにつれて、インセルからダークヒーローとしてのジョーカーへと覚醒していく。しかも彼は、ベラルディが言うアイロニーの戦略（この世の全ては悲劇であると同時に喜劇であり、ジョークである！）によって、現代の資本主義社会に立ち向かおうとした弱者男性なのである。

映画の内容をあらためて振り返ってみよう。

自らのミスでピエロの仕事をクビになったアーサーは、地下鉄で女性を強引にナンパしていたスーツ姿の酔っぱらい三人に暴行され、それに反撃する流れの中で、彼らを射殺してしまう。

三人が巨大企業ウェイン産業の社員だったこともあり、アーサーによる銃撃事件は、貧困層による富裕層への反撃と叛逆としてメディアに報道されていく。

さらにウェイン産業のトップであるトーマス・ウェイン（バットマンことブルース・ウェインの父親）がメディア上で犯罪者を非難し、「ピエロ」と罵倒したために、ゴッサム・シティでは貧困層と富裕層の対立と敵対が深まり、ピエロの仮面をかぶった市民たちによる抗議デモが多発するようになる。

その後、自分の出生の秘密を知って、病気の母親までも殺したアーサーは、尊敬していた大物司会者、マレー・フランクリン（ロバート・デ・ニーロ）のトーク番組に出演し、生放送中にマレーを拳銃で射殺する。まさにこれはスペクタクル的な暴力の極みである（ちなみに、かつてデ・ニーロは『キング・オブ・コメディ』の中で、トークショーの司会者に憧れて、彼を誘拐するコメディアン志望の男を演じていた）。

この射殺事件がトリガーとなり、ゴッサムの街は、貧困層の憎悪と暴力によってあっという間に燃え上がっていく。

逮捕されたアーサーは、パトカーの中から暴動で炎上する街を見つめる。すると突然、パトカーに救急車が突っ込み、気を失ったアーサーをマスク姿の暴徒たちが担ぎ出す。アーサーはゆっくりと立ち上がって踊り出し、完全にジョーカーとして覚醒する……。

児童虐待のサバイバーで脳に障害を抱えた男が、複合的な社会的排除を被った果てに、殺人やポピュリズム的な暴力に走っていく。そういった意味では、『ジョーカー』はかなりきわどいテーマを扱った作品である。障害者やサバイバーを悪魔化し、モンスター化している、という側面があるからだ。

クリストファー・ノーラン監督の『ダークナイト』（二〇〇八年）に出てくるジョー

カー（ヒース・レジャー）は、悪のカリスマであり、自分がジョーカーとして覚醒した理由をいろいろと好き勝手に捏造していた。たとえば、親に虐待されたトラウマが原因でこうなったとか、犯罪者に口を切られてこんな顔になった、と。しかし真実はそのいずれでもないし、むしろ、どれであっても構わない。

彼の犯罪や悪事には、理由も動機もない。悪は、完全な偶然性（殺しても殺さなくてもどちらでもよかった）によって無差別的に人々を不幸に陥れる。だからこそ『ダークナイト』のジョーカーは悪のカリスマたりうるのだ。

一方、『ジョーカー』で描かれるアーサーには、観客が人間的に共感しうる犯罪の動機や理由がいくらでもある。

これについては、批判的な意見も見られた。すなわち、悪のカリスマを「人間」化してしまった、リベラルな解釈で片付けやすい社会的背景を与えてしまった、と。

しかし、やはりそうした批判では不十分ではないだろうか。

『ジョーカー』という映画自体が、ファミリーロマンス（家族物語）の定型をなぞるウェルメイドな物語でしかなく、まるで本物のジョーカーが気まぐれで命じて三流の映画監督に撮らせた冗談のような作品であるということ。そういったチープなペラペラさにこそ、この映画の本質的な意味があるように思われる。

最後の暴動シーンのあと、映像は、手錠をつけたアーサーが精神科医あるいはソーシャルワーカーと思しき女性と話している場面に突然切りかわる。アーサーは「ジョークを思いついた」と言い、でもそれは他人には理解できないだろう、とつぶやく。

つまりこの映画の中の暴力的な出来事は、精神病院で治療を受けているアーサーのたんなる妄想なのかもしれないし、「ジョーク」なのかもしれない。

いや、それればかりか、アーサーは、本物のジョーカーを模倣して承認欲求を満たそうとする「無＝ゴミ」に等しい存在であり、匿名の暴動参加者のおじさんの一人、仮面の男の一人にすぎないのかもしれないのである。第1章で言及した京王線の事件のコスプレした犯人のように。

たとえ階級上昇や階級闘争を夢見たくても、それを決して夢見られない。ある人は「下」からの（政治的な左右の違いを超えた）暴力としてポピュリズムを煽るしかない。またある人は貧しい労働や介護や孤独の中で、へとへとに疲れて、つぎはぎのモザイクのような妄想＝夢に逃げ込むしかない。

そうした状況の中では、社会的に零落し階級脱落した「残りのもの」「残余」としての弱者男性たちは、アーサーのように「ダークヒーロー」に覚醒する、あるいは闇落ちしていくしかないのだろうか。

テロリズムから解放的な暴力へ

スラヴォイ・ジジェクは、『2011――危うく夢見た一年』（長原豊訳、航思社、二〇一三年、原著二〇一二年）の中で、クリストファー・ノーラン監督のバットマン三部作の一つ、『ダークナイト・ライジング』（二〇一二年）に出てくる敵役、ベインの存在に注目している。

ベインは、言うなればバットマンの兄弟子で、現在はテロリストたちの頭目であり、バットマンに敵対してゴッサム・シティを占拠（オキュパイ）していく。

ジジェクが強調するのは、じつはベインが「究極のウォール街占拠者」であり、「九九％の結集と社会的エリートの打倒」を掲げた存在だった、という点である。すなわちベインは、テロリストであるのみならず、グローバルな格差と支配への階級闘争を欲望する「革命者」でもあったのだ。

一方、バットマンの正体であるブルース・ウェインは、人里離れた豪邸で暮らす大金持ちである。ウェイン産業は、たとえば、核融合エネルギーの利用によるクリーンエネルギー計画に投資していた（その計画は頓挫するが）。つまり、バットマンの正体はそもそも「超がつく金持ち」であり、「武器商人と投機屋」なのである。

そう考えてみれば、この作品における「善」と「悪」、あるいは「上」と「下」の区別は自明のものではなくなる。

ただしジジェクによれば、『ダークナイト・ライジング』には残念ながら不徹底な側面があった。というのも、ノーラン監督はベイン的な「革命者」たちをたんなる「狂信者」、復讐に燃えるテロリストやポピュリストとして単純化してしまっているからだ。

そこに見られるのは、「暴徒」たちが社会正義を利用している、過剰な正義は暴走し炎上しかねない、というテロル（恐怖による支配）に関する通俗的なイメージである。

これは不徹底なものにすぎない。

この点をジジェクはこう批判している。「どんな解放運動にも、それが真正であればこそ、必ず暴力的な側面が働いている。この作品の問題は、暴力を殺人的なテロル【筆者注：威嚇】に翻訳するという過ちを冒した点にある」。

そのうえでジジェクは、ベインの行動の中には、バットマンのような高収入エリートの欺瞞的な正義を超えていく「無条件の愛」もまたあったのではないか、と論じるのである。

ここでいわれる無条件の愛とは何か。

重要なのはそのような無条件の愛が、ある種のテロリズムと見分けがたいような爆発力を秘めた解放的な暴力を意味する、ということだという。

ジジェクによれば、それこそがイエス・キリストからガンジー、チェ・ゲバラへと流れる伝統の中に見られるような愛であり、解放的な暴力性なのである。「残酷なき愛は無力であり、愛なき残酷は盲目である」というゲバラ的な革命の逆説は、愛と剣の統一を訴えたキリストの逆説そのものである。

というのは、敵対的な差異を打ち立て、はっきりと分離線を描くような暴力的な振る舞いこそが、この世界にとって決定的な解放を意味するからだ。自由とは、調和と均衡を保った中立状態のことではない。自由はそうした見せかけの均衡を揺るがせる暴力的行為そのものの中にある。

ジジェクが「（イエス・キリストに比べれば）ヒトラーは十分に暴力的ではなかった」、あるいは「ガンジーはヒトラーよりも暴力的だった」というような挑発的で不穏なことを繰り返し述べるのは、そのためだ。

すなわち解放的な（非テロル的な）暴力としての「無条件の愛」とは、不可視化されたままの階級の間に新しい闘争のラインを引くこと、「差異を打ち立て、分離線を描く暴力的な振る舞い」のことなのだ。

あるいはそれは、平和的で正しい世界から「なかったこと」にされている「残りのもの」「残余」としての存在者たちの存在をむき出しにするような力だ。それこそがテロル的な暴力とは似て非なるものとしての、解放的な愛なのである。

リベラルな見かけをしている調和と平和の中に、「剣」によって真の敵対性のラインを引くこと、それこそが「愛の業」としての解放的暴力の意味である。

ジジェクの考えでは、現代社会において最悪なのは、福祉国家への回帰、社会的連帯、多文化主義的寛容、民主的市場経済、エコ資本主義、ベーシックインカムなどの、リベラル左派たちが理想化する市民主義・自由主義の路線であるという。

つまり、資本主義のあり方を基本的に維持したまま、グローバルな正義と平等を実現するために、それをリベラル／社民的な方向へと修正すべきだ、人間の顔をした資本主義にすべきだ、というタイプの修正主義こそが最悪である。なぜなら、イデオロギーとしての多様で寛容な「文化」を称揚することは、「南」や「下」などと称される階級的な「敵対」を、文化やアイデンティティのたんなる「差異」（個々人の違い）に置き換え、ローラーで均してしまうからだ。

ジジェクによれば、リベラル左派よりも、保守派やポピュリストたちのほうがそうした問題意識を鋭く持っている。リベラル左派が見まいとするもの、それはまさに、「現実界」（制御不能な獣）としての資本主義そのものなのだ。

それに対し、一％と九九％の超格差化を批判したオキュパイ運動の人々は、少なくとも、グローバルな資本主義という怪物を（或る逆説的な形式によって、であれ）直観的にとらえていた。

重要なのは、彼らの「システムへの対抗」が見かけの上では「無意味な暴発」（あるいはベラルディのいう「痙攣」）になってしまうとしても、それらの暴発や痙攣のあり方によって、かろうじて、現代社会を生きる人々の苦しみや脆弱性を逆説的に露わにしている、ということである。

それらの暴動や反逆は暴力的／テロリズム的であるとしばしばレッテルをはられるが、「グローバル資本主義の円滑な機能を維持するために必要とされる暴力に較べれば、それは些細なもの」である。彼らは「マハトマ・ガンジーが暴力的であったという意味でのみ暴力的であるにすぎない」。

こうしたジジェク的な視点を参照しつつ、弱者男性たちの暴力の問題を再考し、捉え直してみたい。

弱者男性たちにも思想（物語）が必要である

今や、弱者男性たちにもまた、何らかの大きな物語（理念）が必要なのだろう。

ライターの磯部涼は、『令和元年のテロリズム』（新潮社、二〇二一年）で、加害者の男がスクールバスを待つ小学生や保護者を刺し、二人を殺害、一八人を負傷させたあと、その場で自死した川崎市登戸通り魔事件、元農林水産省事務次官による長男の殺害事件、三六人もの人が亡くなった京都アニメーション放火殺傷事件などを取材し、「令和テロリズム」という名称のもとにそれらを分析している。

まず磯部は、近年の無差別殺傷事件の背景には、労働問題や引きこもり者の高齢化の問題（七〇四〇問題、八〇五〇問題とも呼ばれる）、あるいは障害や精神疾患などの社会的な問題が複雑に絡まりあっていることを確認する。

その上で磯部は、厳密な意味でのテロリズム（暴力による恐怖という手段を用いて政治的な主張を社会に拡散すること）ではないのかもしれないが、この世から「なかったこと」にされている社会的問題——実際に彼らは犯罪後も「黙ってひとりで死ね」「人間の中には不良品もいる」とされてきた——を無差別殺傷によって露呈させていくという意味で、それらの令和的な暴力は、ある種の「テロリズム」と呼べるのではないか、と論じる。

　磯部によれば、「令和元年のテロリズムは、テロリストという中心がぼやけている」。しかし、だからこそ「悪意は伝染していく」。

　まさしく映画内の虚構と映画外の現実において、『ジョーカー』のアーサーの格好を様々な人々がコスプレし、真似したように、である。

　日本近代の歴史を遡れば、大正一〇年（一九二一年）には、安田財閥の安田善次郎を短刀で刺し殺して自決した朝日平吾という青年がいた。

　今で言えば、名もなく地位もないフリーター青年が、経団連の何某を白昼刺し殺したようなものである。

　政治思想家、橋川文三の「昭和超国家主義の諸相」（一九六四年、『近代日本政治思想の諸相』未來社所収）によれば、朝日平吾によるこの暗殺は、大正・昭和期的なテロリズムの「最初の徴候」である。それは明治期のテロリストたちのような、国家の大義のための暗殺とは根本的に別物だった。

朝日という人間を特徴づけているのは、橋川によれば、「感傷性とラジカルな被害者意識の混合」「不運感」「ほとんど精神病理的な様相」であり、あるいは「なんらの身分をも代表していない」「下層中産階級《ロウアー・ミドルクラス》出身の破滅型の人物」「社会的になんらの地位をも確保しえないでいる人間」「なんら人間らしく生きえていない、いわば匿名の人間」等々の傾向性である。

かつての大久保利通暗殺や大隈重信襲撃のような、明治的暗殺者たちの「志士《しし》仁人《じんじん》的捨身」の精神（政治権力の交代を公然と求め得る者たちの義憤的な思い）が、朝日の暴力の中にまったく存在しなかった、というわけではない。しかし橋川によれば、朝日のテロリズムの中には明治的なそれとは異質な新しい感覚、「第一次世界大戦を画期とする資本主義の発達と貧富の階級分化がひきおこした経済的標準化への平民的欲求」（『昭和維新試論』朝日新聞社、一九八四年）が見られたのである。

朝日の遺書「死の叫声」によると、朝日には自らを「生ける屍」――現代の言葉でいえばゾンビだろう――と見なす生存感覚があり、「自己の無力感をしたたかに嘗めた非人の怨恨と憂鬱」があった。

ここで重要なのは、橋川が、朝日の人格性に見られる「傲慢とさえいえる要素と、その反面におけるむしろ病的というに近い懐疑・怨恨・挫折の感情との複合、葛藤」の中に「近代日本人にとって、ある意味では未知というべき感受性」を見いだそうとしていることだ。

大正デモクラシーのオピニオンリーダーだった吉野作造は、プロレタリア作家の宮崎資夫が朝日の事件をモデルにして書いた長編小説『金』（一九一五年＝大正一五年）についての評論を書き、その中で「朝日の人間と思想へのかなり深いシンパシイ」を示していた。すなわち、この時期の超国家主義的な衝動とは、人間としての平等を求めるラディカルな「平民的欲求」に基づくものだったのだ。

橋川によれば、朝日平吾とは「大正デモクラシーを陰画的に表現した人間」だった。つまりこの「平民的欲求」は、一方では「陰画的」な、朝日の暴力的な暗殺へと繋がったが、他方では吉野作造の大正デモクラシーの思想とも繋がっていたのである。

ここで重要なのは、くりかえすが、橋川が朝日平吾の暗殺という行動の中に、稚拙な感情的行動だけではなく、この時期に芽生えたラディカルな「思想」の表現があるのを読み抜こうとしたことだろう。

ただしそれは、朝日平吾と北一輝（「魔王」とも呼ばれた国家社会主義者で、二・二六事件にも思想的に影響を与えたと言われる人物）の存在がいわば時代精神の楕円的な構造を形作っていく、そのような場所に浮かび上がってくる「思想」だった。

つまり、「天上＝真髄」としての北と「最下層」としての朝日が楕円的に形作っていたようなラディカルな平等の思想――そこにこそ、天皇と臣民の直接的一体化によるナショナリズムを突き抜ける何かがあった、と言うのだ。

もう一点重要なのは、テロリストとしての朝日の存在が、米騒動を起こした無名の大衆たちとも共鳴するものだった、とされていることだろう。極端な平等主義は天皇の名のもとに特殊なテロリズムを生み出した。しかし他方でこの平等主義は、米騒動的な大衆運動へと開かれる可能性があったのだ。

だとするなら、現在の令和的なテロリズムに欠けているのは、このような意味での「天上」と「最下層」を繋ぎ合わせるための「思想」ではないだろうか。

現代の弱者男性たちは、いまだに集団的な政治性をもたず、自分たちの存在を生かすための「思想」すらもたない、と言うべきではないか。すなわち「天上」と「最下層」を結びつけるような根本的な「思想」を見つけ出さない限り、弱者男性やインセルたちの叛逆と抵抗は、現代のグローバルな資本主義の中で、たんなる「暴発」や「痙攣」にすぎなくなってしまう。

あらためて、現代の令和テロリズムとかつての昭和維新の落差、ギャップに目を凝らすべきなのだろう。令和的な暴力にはテロリズムを何らかの「維新」（社会変革）に高めるための「思想」がないのである。理論的な心臓が存在しないのだ。そして集団的な政治性を見いだしえない。ならばジジェクのいう「解放的な暴力」としての「無条件の愛」はどこにあるのか。

ぼくらはそのことに深く「絶望する勇気」（ジジェク）を持つべきなのかもしれない。そして弱者男性として、暴力をめぐる困難な問題に向き合うべきなのである。

男性たちの「虚無の黒い穴」

現代作家の木村友祐による『幼な子の聖戦』（第一六二回芥川賞候補作品、集英社から二〇二〇年に単行本化）という小説は、映画『ジョーカー』とも共鳴するような弱者男性の鬱屈を扱った作品である。

木村のこの小説は映画『タクシードライバー』を重要な参照枠としているが、その点だけが『ジョーカー』に似ているのではない。不遇に次ぐ不遇、空っぽな自分との対峙の果てに、暴力的な「悪」に覚醒せざるを得なくなり、滑稽な道化的な人間が殺人を通して王になる。そうした構造性が『ジョーカー』とよく似ているのだ。

『幼な子の聖戦』の舞台は、過疎化する青森県慈縁郷《じえんごう》村である。村では新村長を決めるための選挙戦が行われており、中高年の「オヤジ」たちが権力を独占し継承していく、という「日本の政治の縮小版」が繰り返されつつある。

東京での生活に敗けて帰郷し、父親の勧めで村議になった四四歳の「おれ」（蜂谷史郎）は、「何かをなしとげることはもうないとわかっている自分の人生」に耐えられず、「人妻クラブ」で三八歳の「A子」とセックスすることくらいにしか生きがいを見いだせない。

そんなとき、リベラルな信念と健全な愛郷心をもった、山蕗仁吾という男が新村長に名乗りを上げ、女性や若者から圧倒的な支持を得る。史郎は幼なじみの仁吾と再会して友情を確かめ、彼を支援しようとする。しかし次期県知事とも噂される県議の名久井岳春（今後の足場固めのために別の村長候補を立てた）に強迫され、選挙戦の妨害工作に加担しなければならなくなる。

才能があり人気もある仁吾へのひそかな嫉妬を感じていた史郎は、怪文書を撒き散らし、内なる闇を解き放っていく。「意味なしの、この世のあらゆる意味を吸いこんでしまう虚無の黒い穴を、地上に顕現させる」。「……いいんだな？　地獄《じごく》の蓋ば開いで。（略）おらの、底《そこ》なしの穴ば、解放していいんだな……？」。

やがてそれは「おれ」にとっての「聖戦」になる。権力や状況に流されやすくなることが「黒い穴」の怖さなのではない。本気で信じた友情と約束さえすぐに自ら裏切ってしまえること、それこそが「黒い穴」の怖さである。

裏切りに次ぐ裏切りの中で、「おれ」の「とっておきの聖戦」の意味は揺らぐ。「おれ」は選挙戦最終日、仁吾を出刃包丁で刺し殺し、彼を殉教者として「伝説」化することを計画する。

しかしまさに映画『タクシードライバー』を反復するようにそれに失敗すると、隠し撮りした名久井県議の脅迫・公職選挙法違反の動画をネットにアップし、「オヤジ連中」を巻きぞいに、自分もろとも地獄に引きずり落としていく。

現代日本にはなぜ中年男性による「黒い穴」のような無差別殺傷犯ばかりがめだって、一人の朝日平吾や山口二矢すらいないのか。木村友祐の小説は、あたかもそんな苛立ちをもねじ伏せるために、「グズグズの、ドロドロの、ぐぢゃぐぢゃの、ねちゃねちゃの、陰毛みてぇにみっともねぇ現実」に全身を深く沈みこませていくかのようだ。

ポイントになるのは、主人公の史郎が「オヤジ連中」に「強烈な嘔吐感」を覚えることだろう。こいつらは一生改心しない。お前らはおれに似ている。だがおれ以上に虚ろだ。お前らは何ひとつ信じていない。「……不信心者《もん》が」。史郎はそう呟く。「満身に力をこめて放つ、最大級の侮蔑の言葉」として。

しかしこれはやはり危ういのだ。たとえば相模原障害者施設で大量殺傷を行った男は言った。意思疎通不能な「心失者」たちを抹消するのは社会のためである、と。

言い換えれば、史郎にとって「オヤジ＝おじさん」は「心」を「失」った非人間たちとされてしまうのだ。何も信じられず、改心もできない人間は殺していい――だが、本当にそうか。

どんな人間であれ改心し変身しうる、その「信心」を失ったとき、人は決定的に自分の中の幼な子をも殺すのだろう。おじさんたちは滅びた方がよい。世の中は多様になり、よくなっていく、ただし男性たちを除いて。男性たちの感覚や倫理観は古いままで、もはや変わりようがない。こうした考えこそが危険な罠であり、誘惑なのではないか。

憎しみではなく怒りを――インセルレフトへ！

必ずしも経済的な最貧困層というわけではなく、文化的な差別を被っているわけでもなく、はっきりとした病気や障害があるわけでもなく――にもかかわらず、弱者男性たちの心には「虚無の黒い穴」があり、剥奪感（疎外）がある場合がある、と述べてきた。

そこには、名前も与えられていない剥奪感があり、不幸があり、苦悶がある。

弱者男性たちは、資本主義的なシステムの矛盾によって痙攣状態にある。それは自己責任の問題だけでは片付かない。構造的な問題だ。

構造の問題であるということは、それが複雑な形での分断統治の問題でもあるということだ。つまり、男性と女性・性的少数者が分断されつつ違った形で抑圧されているのである。

ぼくはかつて『フリーターにとって「自由」とは何か』（人文書院、二〇〇五年）の中で、そうやって分断統治された人々が互いにいがみあう状況を「ニセの対立」と呼んだ（二〇〇〇年代当時は、いわば、燃え尽きるまで使い捨てにされる「正社員」と非正規雇用や派遣社員などの「フリーター」が互いに憎みあっていた）。そういう意味で、現代の弱者男性VSフェミニストという構図もまた「ニセの対立」のひとつであると思われる。

ぼくたちは間違った他者を「敵」に認定し泥沼のように憎みあうよりも、この世界のシステムに対して正しく敵対すべきである。

すなわちインセル男性たちは、生の屈辱から湧き出す「敵」への憎しみを、自分と敵の分断と敵対を強いるこの「世界」（システム）への怒りに変えていくべきだ。勇気を持って戦いを決断すべきだ。

憎むのではなく、怒れ。この社会に対して怒れ。

すでに述べたように、インセルという言葉は、語源的に女性差別やフェミサイド的なものと必ずしも結び付くわけではなかった。アンチ・フェミニズムともイコールではない。だから、少なくとも可能性としては――たとえばグローバルな世代間格差や気候危機に対抗する若い世代（ジェネレーションレフト）が世界中で同時多発的に出現したように――、インセルレフト（左派インセル）という方向性もありうるはずである。

インセルの左派的転回とは、他者（ニセの敵）への憎しみや自分への恥辱を、社会への集合的な怒りに変えていくということだ。

一部の特権層が巨大な富を手にしつつ、「女性・性的少数者VS弱者男性」というニセの対立に閉じこめようとする社会に対して怒ること。こんなもののために生まれてきたんじゃない、と。

そうした弱者男性の苦悶と絶望、痙攣にもまた「普遍性」（ジジェク）がある。そんな普遍的な問題提起を行うためには、インセルという言葉そのものをポジティヴな可能性へと転回させていくことだ。

インセルたちの欲望を、抑圧したり矯正したり修正するのではなく、自分と世界を変革するための欲望へと開いていくことである。

われわれは怒っていい。

苦しい、つらいと言っていい。

泣いていい。

自分たちの幸福と自由を心底願ってもいい。

そしてこの社会と戦っていいのだ。

強くもなく立派でもなく、冴えてもいず輝かしくもなく、正しくもない男たちにとって自由とは何か。尊厳とは何か。そのように問うことは許されている。

令和テロリズム的な暴力ではなく。あるいは暴力的欲望を抑圧する優等生的なリベラル平和路線でもなく。この国の弱者男性たちには、ジジェクが言うような意味での解放的な（非テロリズム的な）力が必要であり、無条件の愛が必要である。

憎むのではなく、怒れ。

ぼくたちはもっと怒っていい。

アンチになるのではなく、屈辱を感じていい。

「お前たちは愚かなのだ」と「愚かさ」を押し付けられることの恥辱を抱いて、それを自分たちの中で発酵させ、圧力をむしろ高めていくべきだ。

なぜなら、そうした恥辱の強さこそが、社会変革的な解放の欲望を生み出していくからである。

何度でも言おう。

ぼくたちはフェイクな「敵」を憎むのではなく、この社会に対して怒るべきだ。

偽りの対立に搦めとられず、システムに対する本当の敵対性を打ち立てるべきだ。

弱者男性の名において。弱者男性（たち）のために。

第4章　男たちは正しく傷つけるのか——濱口竜介・村上春樹・チェーホフ

正しく傷つくとはどういうことか?

――僕は、正しく傷つくべきだった。

濱口竜介監督の映画『ドライブ・マイ・カー』(二〇二一年)は、村上春樹の短編集『女のいない男たち』(文藝春秋、二〇一四年)所収の「ドライブ・マイ・カー」を原作とし(他にも同短編集の「シェエラザード」「木野」を題材として取り込んでいる)、濱口監督がこれを自由に翻案した作品である。

「僕は、正しく傷つくべきだった」とは、主人公の中年男性がラスト近くに口にする言葉だ。これは、男性にとってのセルフケアの重要性を示す言葉としても注目された。

ライターの西森路代は、「むやみに泣いてはいけないとか、弱音をはいてはいけないとか、人に頼ってはいけないとか、何をするにも自分が主体でなくてはいけないとかという、男性に課せられた規範や呪い」から、主人公の中年男性が解き放たれていく物語としてこの作品を読み解いている(「映画『ドライブ・マイ・カー』で描かれる、『正しく傷つく』までの物語」、https://i-voce.jp/feed/847451/)。

主人公の家福《かふく》（西島秀俊）は、演出家・舞台俳優である。彼はテレビドラマの脚本家である妻の音《おと》（霧島れいか）と裕福で幸福な生活を送っている。妻は、セックスの最中に、憑依状態のように不思議な物語を語る。その物語を家福が記憶し、それをもとに妻が脚本を書く。彼らはそんな共同作業を長年続けてきた。

しかし妻には秘密があった。複数の男性たちと寝ていたのだ。

家福はそれを知りながらも、妻を問いただしたり、話し合ったりすることができなかった。彼は仕事も家事も分担し、優しく、気遣いのできる夫であり続けてきた。そしておそらく今後について、やっと話し合いの場が持たれようとした直前、妻の音がくも膜下出血で突然死去する。

それから二年。

喪失感を抱えたままの家福は、チェーホフの戯曲『ワーニャ伯父さん』の演出家として、広島の演劇祭に参加する。彼の愛車である赤いサーブ九〇〇ターボの中には、亡き妻が録音した『ワーニャ伯父さん』の朗読の声だけが響いている。

死者との思い出に満ちた親密な空間。それは妻の死のあと、グリーフケア（親しい人を失った悲しみのケア）ができず、外の世界に心を閉ざすしかなかった家福の内面を象徴するものだろう。

ところが、広島に到着すると、家福は演劇祭の主催者側から、事故防止などの理由で、専属ドライバーの運転で通勤してほしい、と要請される。信頼できるドライバーとして紹介されたのは、みさき（三浦透子）というヘビースモーカーで不愛想な若い女性である。彼女の運転の実力は確かで、しぶしぶ家福は彼女を運転手として認める。

物語の終盤、みさきの側にも心の傷があった事実が判明する。みさきは母親からたびたび暴力を振るわれていたが、五年前、北海道を襲った地震によって実家が倒壊したときに、母親を見殺しにしてしまったのである。

トラウマ的な傷をお互いに語り合い、弱さをシェアすることによって、二人の関係は――恋愛的な関係や疑似親子（父娘）的な関係ではなく――対等で親密な、相互ケア的なものになっていく。

家福の「僕は、正しく傷つくべきだった」という言葉は、三時間近くに及ぶ長い映画の最後に、絞り出されるようにして、みさきという他者の前で、ようやく、語りうるものとなる。

男性学的に言えば、『ドライブ・マイ・カー』には、三つの次元の男性性がある。まず、依然として多くの多数派の男性たちがとらわれている、家父長的でマッチョな男性性（1）があるが、家福はもともとそのようなタイプの男性ではない。彼は仕事も家事もシェアし、妻に気配りのできる優しくリベラルな男性（2）として生きてきた。

しかし、そのままでは、何かが足りなかった。

妻の死後に、家福は（2）の段階を踏み越えて、「自分の痛みや傷について他者とコミュニケーションし、弱さを他者とシェアできる男性」（3）へと自分を変えていかねばならなかったのである。

重要なのは、家福が（2）から（3）へと変わっていくために、長い時間を必要としたことだ。様々な他者の力を借りながら、自分の傷を見つめ、傷ついている自分をケアできるようになること。そのためにはゆっくりと、必要な時間をかけて、少しずつ変わっていかねばならなかった。

家福が言う「正しく傷つく」とは、「今や男こそが傷ついている」と主張したり、間違った被害者意識にとらわれることではない。自分の傷と弱さを否定せずに受け入れられること、傷つきやすさや可傷性を通して他人と繋がっていけること、弱さをシェアリングできることが大切なのだ。

どうやって「正しく傷つきうる男性」になっていくのか。自分の傷つきやすさを通して他者たちと関係を作り直していけるのか。新しい男性性を模索していくためのヒントが『ドライブ・マイ・カー』にはある。

男たちにもセルフケアが必要だ

男性たちにもセルフケアや自己への配慮が必要である。近年、そう言われるようになった。

男性たちは、自分の心身を蔑《ないがし》ろにしがちである。身だしなみや化粧をつねに過剰なほど要求され、重圧を受ける女性たちにくらべて、男性たちは、身体をネグレクト（放置）することを特権的にゆるされてきた。心身の傷や痛みに配慮せず、黙ったまま耐える、という「無痛」（森岡正博）こそが男らしくカッコイイ。そんな男性性の規範もあった。

しかし、そこにはやはり心身の無理がある。身体や精神の日々の手入れや手当て、メンテナンスが男性たちにとっても大事だ。

たとえば「女性的な感情」は「男らしい理性」によって抑圧し、管理し、コントロールしなければならない、他人様《ひとさま》の前で感情を発露してはいけない、そうした思い込みは危ういものである。

社会的なタテマエとして要請され、偽装された「男らしさという鎧《よろい》」の中に、しばしば、傷付いた心が隠されている。必要な手当てを欠いたままにすれば、男性たちはそうした「男の傷」を周囲の「女」（妻だったり母だったりする）に癒してもらうことを、期待しあるいは無意識のうちに強要してしまう。

日々の適切なセルフケアの訓練や練習をあらかじめしておかないと、セルフネグレクト状態に陥ったり、溜め込まれた感情を暴発させて、他者や自分へ暴力的な攻撃を行ってしまう。

これはいわゆる、男性の「爆発」問題である。日頃から我慢して我慢して、溜めて溜めて、一気に暴力を爆発させる――。もしかしたらそれは、我慢して我慢して、耐えて耐えて、一気にホンネを「告白」する、というある種の「告白主義」と裏表の関係になっているのかもしれない。

とすれば、日頃の関係の中で、感情や不安を小出しにしたり、部分的にガス抜きできるような、浅くも深くもない、そういった関係性が大切になってくるのではないだろうか。

全てを一気に告白して全面的に受け入れてもらうのではなく、傷の部分的＝小出し的なシェアリングをしていくこと。そのようにして男性性をこまめにメンテナンスすることである。

人前で涙を見せられること。自分の弱さを受け入れられること。「男らしく」我慢なんかせずに、嫌なものは嫌だ、つらいものはつらい、と他者の前ではっきり口にできること。自分より弱い立場の人間に感情をぶつける前に、自分自身の傷ついた声、内なる感情に繊細に耳をすませられること。

そういうことが大事なのだろう。

男たちのタテマエ、ホンネ、本心

『ドライブ・マイ・カー』は、男性の「タテマエとホンネ」をめぐる物語としても読み解くことができる。

演出家で、舞台俳優でもある家福にとって、妻との生活は日常的に「良き夫」を演じ続けることでもあった。

家福は、タテマエとしての「良き夫」の仮面をかぶって、妻と暮らしていたが、自分の中の本当の気持ち（妻の浮気、不倫によって傷付いている自分の心）を妻と分かち合ったり、彼女の非を問い質《ただ》したりすることはできなかった。

ここで重要なのは、「ホンネ」と「本心」は微妙に異なる、ということだ。

脳性マヒの当事者で小児科医の熊谷晋一郎は、ホンネと本心を分けて考えよう、と提案している（『障害者＋健常者運動』最前線――あいだをつなぐ『言葉』」『現代思想』

二〇一七年五月号、青土社）。

ホンネとは、しばしば露悪的で、それを発することで他者に影響を行使したり、その場の空気をコントロールしようとする言葉である。ホンネで語り合おう、タテマエではなくホンネを言い合おう、という脅迫的な論理によって、しばしば男性たちはホモソーシャルな関係を強化していく。

一方、「本心」にとっては、発言の効果ではなく、言葉をちゃんと聞くことがポイントになる。

この場合の「聞くこと」には、二つの意味がある。一つは他者の話を聞くことである。もう一つは、自分の気持ちを聞くことだ。これは、自分にもよくわからず、よく聞こえていない自分自身の声に耳をすませる、という意味である。自分の心の声を聞けない人間は、しばしば、他者の声を聞き逃したり、そもそも他人の話を聞いていなかったりする。

ホンネは、じつは演技的＝操作的な権力性を帯びており、ホンネで語る男たちのホモソーシャリティを強化してしまう。

他方で本心は、他者関係の中でお互いの声に静かに粘りづよく耳を澄ませることで、いわば協同的——当事者研究的／精神分析的／相互ケア的——に発見されうるものだ。それは本人にすら完全には私的に所有し得ないような「声」である。

傷や痛みをシェアリングするために

ここでも重要なのは、『ドライブ・マイ・カー』が約三時間（一七九分）もの長さを持つ作品だったことだ。主人公の家福が長い時間をかけて自身の「声」に耳を傾けたように、ぼくたちもまた長い時間をかけて自分の「本心」と向き合っていかなければならないのである。

しかし、多くの人が述べているように、この作品は、不思議なほど、三時間という長さを感じさせない。約三時間という長さは、自然で心地よい流れとして体感される。『ドライブ・マイ・カー』は、村上春樹の原作テクスト／チェーホフのテクスト／物語内演劇／演者の身体／映画、等々の複雑な構造を持ち、重層的な語りによって展開されていく。さらに言語の面からみても、日本語、韓国語、英語、中国語、さらには韓国手話などが要所要所で入り混じってくる。

批評用語で、インターテクスチュアリティ（複数のテクストの相互関連性のこと）やポストメディウム（芸術作品が純化された固有のジャンルの制作物としてではなく、様々なメディアにおいて領域横断的に展開されることが当たり前となった環境のこと）などと呼ばれる多層的な構造を『ドライブ・マイ・カー』はたくみに用いているわけである。

そして本作は、それらの複雑に入り組んだ構造を通して、多層的に、ゆっくりと、複雑なものを複雑なままに――タテマエでもホンネでもなく本心として――家福の中の語りえなかった「傷」を表現していく。

『ドライブ・マイ・カー』は、タテマエとしての「リベラルで賢く優しい男」からもう一歩踏み出して、新たな来《きた》るべき男性像の形を示しているのである。

男性のあるべき規範が不安定に流動化し、また真偽や善悪の基準が決定不能になっていく、といういわゆるポストモダン的／ポストトゥルース的な現実の中で、いかにして男性たちは成熟していくべきなのか、まっとうな「本心」を示していけるのか――「本心」とは仮面（タテマエ）か素顔（ホンネ）か、という対立軸を超えていくものである――、『ドライブ・マイ・カー』の重層的なインターテクスチュアリティは、そういった課題にも深く関係している。

男（たち）のホンネに居直って権威的な「おじさん」になるのでも、傷をこじらせて被害者意識を抱えたインセルへと闇落ちするのでもなく、いわば、ポストモダン的／ポストトゥルース的な時代状況に耐えうる男性主体へと成熟していくこと。

その点では、亡き妻との親密な空間があるサーブ九〇〇に、みさきのみならず、妻の浮気相手の一人で、家福が演出する舞台に出演している破滅型の若き男性俳優、高槻《たかつき》（岡田将生）が乗り込んでくることは重要である。

生きたほかの他者たちを車に乗せること、他者たちの同乗を受け入れること（彼らと車内の空間をシェアすること）は、家福にとって、自分と死んだ妻だけの親密な空間を、他者に向けて、公共的な社会に向けて、あらためて開き直していくことを意味するからだ。

実際にその後、車の中の空間は、複数の人間がお互いの傷や秘密をシェアリングするための共生空間（コモンズ）になっていく。
そうしたコモンズの力――非資本主義的な形でのシェアリングエコノミーのように部分的に傷を分かち合うこと――に支えられつつ、家福は自らの男性性をゆっくりと変えていくのである。

ケアからの自己疎外

そう考えてみると、「正しく傷つくべきだった」というラスト近くのとても印象的なセリフは、言葉の意味合いとしては、やや強すぎたかもしれない。

ホンネ／タテマエといういわば「日本的」なホモソーシャルな共同性（演技性）から、「正しく傷つきうる」男の「真実」へ――。こうした「男の真実の告白」という面を強調してしまうと、それもまた、古くからある男性的ロマンの延命であるように感じられてしまうからだ。

つまり、もとより家福が「妻を大切にする優しい夫」であるのみならず、もしも「自分の弱さを正しく認められる男」であれたならば、彼は妻を「殺さず」にすんだかもしれない、だから妻と死別する前の家福はまだ十分に「正しく」なかったのだ。「正しく傷つくべきだった」というセリフは、そんな断罪のロジックを作りかねない取扱注意の言葉なのである。

へたをすればこれは、「自分の弱さを正しく認められるほどに正しくなければならない」という新たなる呪い（重圧）を現代の男性たちの中に形作ってしまうことになりかねない。

実際に、セルフケアの必要性をあまりに強調しすぎると、現在のグローバル資本主義が要求するような自己管理や自己統御の強化、という流れに男性たちは搦めとられていくだろう。

現代社会では、日々、セルフケアし、心身をメンテナンスし、自身の働き方や生き方を自己管理してコントロールし続けねばならない、さもなければ生き残ることができない……と。

その点でいえば、家福が若い女性に抱き締められて癒されたかに見えるシーンが最終局面で、二度にわたり反復されてしまうことも、若干気にかかる（現実上の家福とみさきの関係、映画内演劇『ワーニャ伯父さん』におけるワーニャとソーニャの関係）。世の男性は、様々なケアの負担を妻や母親、あるいは低賃金のエッセンシャルワーカーたちに押し付けている。

だが、同時にそれは、ケア的関係の潜在的な可能性から男性たちが疎外されている、ということも意味している。そうした「ケアからの自己疎外」があるがゆえに、男性たちは女性からの異性愛的な承認を過度に求めてしまうのではないか。

そう考えていくと、家福の試行錯誤は、ここが終わりではない。ここからさらに、新しくはじめられるものである。

村上春樹のミソジニー（女性憎悪）

ここまでは濱口竜介監督の映画『ドライブ・マイ・カー』を男性学／メンズリブ的な視点で読み解いてみたが、ここからは村上春樹の原作小説『女のいない男たち』と映画

『ドライブ・マイ・カー』の違いに注目してみたい。

　というのは、映画『ドライブ・マイ・カー』は極めて完成度の高い原作の改変・翻案（adaptation）を行っているのだが、それによってかえって小説『女のいない男たち』における重要な問いが見えにくくなっている、とも感じられるからだ。

「映画版は村上春樹の小説の中のダメな部分を適切に処理し、多様性を尊重するグローバルな価値観に対応しうる作品へと高めた」というアングルのみによって、そのことを片付けられるとは思えない。

　ここでひとつ重要なのは、「正しく傷つくべきだった」という『ドライブ・マイ・カー』のテーマを象徴している言葉が、じつは、原作である村上春樹の連作短編小説『女のいない男たち』には、直接的に出てこない、ということである。

『女のいない男たち』には、「ドライブ・マイ・カー」「イエスタデイ」「独立器官」「シェエラザード」「木野」「女のいない男たち」という六つの短編（と、村上の著書にしては珍しい「まえがき」）が収録されているが、映画の「正しく傷つくべきだった」という家福の「本心」が語られるシーンのもとになるのは、短編「木野」である。

中年男性の木野は、長らくスポーツ用品店に勤めていたが、あるとき、会社でいちばん親しくしていた男性の同僚が妻と寝ている場面に偶然出くわしてしまう。その後木野は会社を辞めて妻と別れ、伯母の所有していた喫茶店を引き継いで、小さなバーを開く。やがてバーには灰色の野良猫や、カミタという謎めいた男性などが訪れるようになる。しばらくして、木野と妻の間には正式に離婚が成立、そのために必要な案件もあり、木野の店に妻がやってくる。

以下は、そのときに交わされる二人の会話である。

《「あなたに謝らなくてはいけない」と妻は言った。

「何について？」と木野は尋ねた。

「あなたを傷つけてしまったことについて」と妻は言った。「傷ついたんでしょう、少しくらいは？」

「そうだな」と木野は少し間を置いて言った。「僕もやはり人間だから、傷つくことは傷つく。少しかたくさんか、程度まではわからないけど」

「顔を合わせて、そのことをきちんと謝りたかった」
木野は肯いた。「君は謝ったし、僕はそれを受け入れた。だからこれ以上気にしなくていい」（略）
彼は言った。「誰のせいというのでもない。僕が予定より一日早く家に帰ったりしなければよかったんだ。あるいは前もって連絡しておけばよかった。そうすればあんなことにはならなかった」》

どこか他人事のような妻の無責任な言い草への反論や違和感を、木野は口にしない。妻を責めることもない。「君は謝ったし、僕はそれを受け入れた。だからこれ以上気にしなくていい」と、妻をかばうようなことさえ言う。

しかし木野は、妻の前で、半ば嘘をついている。加害者の立場にある妻を先回りし、妻から謝罪されるよりも前に彼女を許してしまっている。これは、木野が善良な人間だからではない。単純に木野は、彼女の「本心」に対峙するのが怖いのである。彼は妻の中の真理――「女」という「真理」――に直面したくなかったのだ。

その後、ある超自然的な危機に追い込まれたときに、木野は妻との会話を心の中で反芻する。そして自分で自分に対してついていた「半分」の嘘（自己欺瞞《ぎまん》）をやっと認める。

　微妙なニュアンスの違いかもしれない。しかし「おれは傷つくべきときに十分に傷つかなかったんだ」という言葉に、映画版では「正しく」という規範的な言葉が付け加わっている。そうなると、原作小説とは異なり、映画『ドライブ・マイ・カー』の言葉には、男性たちが「正しい」生き方をしなければならない、という処罰的なニュアンスがどうしても付きまとってくる。

　それは男の傷＝本心のあり方を「正しさ」（ケア倫理）によって道徳的に裁くことである。これからの時代の男たちは、仕事も家事も当たり前にこなし他者に対して優しく配慮できるリベラルな男性であるだけでは足りない、正しく傷つき、日々の心身のメンテナンスやセルフケアを怠らない男でなければならない、と。

　しかし村上春樹が『女のいない男たち』で描こうとしたのは、モラル的な正しさ／間違いの次元の問題ではない。

村上が描いたのは、端的に言えば、男性たちが抱える内なるミソジニー（女性恐怖）の問題であり、そうした恐怖をいかに乗り越えうるか、という問題である。濱口竜介監督の「リベラル」な感覚によって創り直された『ドライブ・マイ・カー』よりも禍々しいもの、危険なもの、邪悪なものが『女のいない男たち』の中にはある。原作のそんな禍々しさに注目したい。

たとえば木野は考える。「おれは忘れることだけではなく、赦すことを覚えなくてはならない」、と。では、「傷つくべきときに十分に傷つく」ことによって——それが「正しい」かどうかはわからないとしても——他者を「赦す」とは、どういうことか。

こうした観点から『女のいない男たち』を読み返してみると、この短編集は「女のいない」男たちの物語、友人に妻を寝取られたり妻に去られたりする男たちについての物語である——のみならず、「男のいない」男たちの物語、すなわち、男友達のいない男たちについての物語であることに気づくだろう。

彼らは別の「男」と連帯したり、友人になることができない。悲しみや怒りを分かち合うことができないのである。

「男」たちはそうした連帯（相互ケア関係やブラザーフッド）の不可能性をどうにもできず、基本的には一人で、独力で自らの孤独を処理していかなければならない。『女のいない男たち』は「男友達のいない男たち」でもあるとは、そういう意味だ。

男友達のいない男たち

映画『ドライブ・マイ・カー』は、基本的にはリベラルな価値観によって作られている。男性の内なる女性嫌悪（ミソジニー）の禍々しさは感じられない。

たとえば映画の終盤、感情がコントロールできなくなった高槻青年は、迫害妄想のように周りの人間に喧嘩腰で喰ってかかったり、自分の写真を隠し撮りした男性をついには殴って死なせてしまうが、それは女性に対する憎悪や恐怖、ミソジニーのための行動ではなく、あくまでも実存的な「空っぽさ」の問題（それもまた村上春樹的な主題の一つである）として説明される。

一方、原作小説『女のいない男たち』の男たちの多くは、何らかの形で内なるミソジニーを抱え込んでいる。そのミソジニーをこじらせ、「女」に恐怖と畏怖を抱いていて、葛藤し、苦しめられている。

彼らは内なる暴力性のコントロールを見失う直前にいる。すなわち、圧倒的な暴力の寸前にいる。

重要なのは――それが現実の反映として、あるいは社会正義として正しいわけではないが――男性たちを憎悪と暴力に追い込むのは「女」たちであり、しかもそれは「女」たちの中の何らかの「独立器官」が原因である、とされていることだ。

しかもそれは彼女たち個々人の人格や自由意志が問題ではない。生物学的な「器官」が問題である、とされるのだ。もちろんこれは、極めて危険な考え方である。進化生物学や認知科学の知見のもと、反動的な性差別を正当化するというよくあるロジックに近い。

そしてさらに重要なのは、『女のいない男たち』の男たちは、爆発寸前の殺伐とした暴力性を抱え込んでいるにもかかわらず、自分の苦悩の原因を作った「女」を殺したり、殴ったりしない、ということである。あるいは「女」を罵倒したり、なじったりもしない。

彼らの暴力は目の前の「女」自身とは異なる誰か（男）に向けられたり、自爆的でタナトス的（自己破壊的）な衝動になったりする。奇妙なほどに、「女」をめぐる「真理」との対峙が避けて通られるのである。

短編「独立器官」では、「僕」（谷村）が友人になりかけた五二歳の美容整形外科医、渡会《とかい》という男性についての悲喜劇が語られる。渡会は、独身主義者で、これまで様々な女性たちとの関係を楽しんできた。

だが突然、ある一人の人妻に強く魅かれ、恋煩いに陥ってしまう。渡会はその女に弄ばれ、金銭を巻き上げられ、やがて拒食症になる。そして最後には、ミイラあるいはゾンビのような姿に変わり果てて、あっけなく死んでしまうのである。ここでも「僕」は、渡会医師との長期的な男友達になり損ねてしまう。

渡会医師は、生前に、アウシュヴィッツに送られたあるユダヤ人医師にかんする本を読み、奇妙なまでにその本に震撼させられ、自分のアイデンティティの分裂を感じるようになる。

「この医師の辿った怖ろしい運命は、場所と時代さえ違えば、そのまま私の運命であったのかもしれない」。そんな不思議な考えに渡会は取り憑かれる。そしてまさに、強制収容所で餓死を強いられた囚人のような痩せ衰えた姿になり死んでいくのである。

ほとんどそれは、彼にとっての「女」は、ユダヤ人にとってのナチスと同じである、と言っているに等しい。これまた、じつに危険な考え方である。

生前の渡会医師は、次のような奇妙な「個人的意見」を持っていた。それは「すべての女性には、嘘をつくための特別な独立器官のようなものが生まれつき具わっている」というものである。

それがどんな嘘で、いつどのように嘘をつくかは女性によって異なる。が、「すべての女性はどこかの時点で必ず嘘をつくし、それも大事なことで嘘をつく」。

そう信じていたのである。「そしてそのときほとんどの女性は顔色ひとつ、声音《こわね》ひとつ変えない。なぜならそれは彼女ではなく、彼女に具わった独立器官が勝手におこなっていることだからだ。だからこそ嘘をつくことによって、彼女たちの美しい良心が痛んだり、彼女たちの安らかな眠りが損なわれたりするようなことは――特別な例外を別にすれば——まず起こらない」。

どうだろうか。ずいぶんと禍々しく、グロテスクで、邪悪な考え方である。しかもこの「個人的意見」は、『女のいない男たち』という作品集の全体を貫くモチーフになっており、執拗な低音を響かせているのだ。

短編「ドライブ・マイ・カー」で、なぜ妻はあんなつまらない男と寝ていたのか、といぶかる家福に、みさきは冷然と助言する。「女の人にはそういうところがあるんです」、「そういうのって、病のようなものなんです、家福さん。考えてどうなるものでもありません」。

『女のいない男たち』を読むと、次のようなイメージが浮かび上がってくる。男たちは、女のいない男同士、傷ついた男同士で友人になろうとする。「女」の「嘘」によって傷つけられ、ミソジニーを抱え込んだ男たちによる相互ケア的な連帯、非暴力的な形でのホモソーシャルな絆を取り結ぼうとする。

しかし彼らは、持続的な男友達の関係（ブラザーフッド）を作ることができない。親友になりえた男たちもまた、突然姿を消したり、自滅したり、関係を一方的に切ったりして、「いな」くなってしまう……。

家福もまた、渡会医師と同じく、妻に対するコントロールのできない「怒り」を覚えていた。

ところが、彼らはそれを当の女性たちに差し向けることができない。それを言葉で説明したり、対話したり、分かち合うことができない。なぜかそれはあらかじめ不可能なこととされるのだ。しかも、その暴力性は当の女性とは別の誰かに代理的に向けられたり、自分が鬱になったり、自死的な自己破壊へと至っていく。

インセルとしての村上春樹

一般的なイメージとして、村上春樹的な男性主体とは、空虚な実存感覚を抱えたまま、高度資本主義の中で消費生活を続ける比較的裕福でモテる男である、と受け止められている。

確かにそういう側面はある。だが、その内実に踏み込んでいけば、村上春樹的な「男」

たちの心の中にあるのは、ほとんどインセル的（非モテ的）と言ってもいいほど、女性憎悪をこじらせて鬱屈した、荒涼たる風景なのである。

彼らは不特定多数の女性と性的関係を結び、モテるように見えるが、じつは、突然消えた女、女の嘘に対して、根深いミソジニーを抱えている。そうした鬱屈と暴力的な感情をどうすることもできない。

渡会医師は、愛する女性に翻弄され、わけのわからないままに見棄てられることは、それがどんなに大げさでバカげているように聞こえるとしても、アウシュヴィッツのユダヤ人たちと同じように過酷でつらいことだ、とまで考えている。

だからこそ、村上春樹という小説家にとって、「男」たちは「正しく傷つきうる男性」であるのみならず、「内なる女性憎悪＝フェミサイドと対峙できる男性」でもあらねばならなかったのだ。

『女のいない男たち』は、そのための小さな、暫定的な、ひとまずの試行錯誤の記録とも言える。

映画『ドライブ・マイ・カー』は、高槻青年の実存的な鬱屈、空虚な暴発を強調した。

そのことによって、原作『女のいない男たち』の中にあったはずのミソジニー的なものの禍々しさがウォッシュされ、悪魔祓いされてしまった。

では、男たちがまっとうに、自分の中の加害性、憎悪、攻撃性、タナトスなどを認めて、自覚し、それに対峙していくとは、どういうことか。

市民社会の良識的な「正しさ」やケア論的な「優しさ」ではうまく処理できないもの、リベラルな価値観の中に十分に包摂しえない禍々しく邪悪な欲望と向き合っていくには、どうすればいいのか。

『女のいない男たち』という短編集の中に、それらの問いについての明快な答えはない。しかし、問いの形だけは、むき出しのまま、ごろりと投げ出されているのである。

「キモくて金のないおっさんの文学」としてのチェーホフ

短編「ドライブ・マイ・カー」と映画『ドライブ・マイ・カー』においては、アントン・チェーホフの『ワーニャ伯父さん』が決定的に重要な意味を持っている（春樹の短編では『ヴァーニャ伯父』と記述されているが、ここでは『ワーニャ伯父さん』で統一する）。

村上春樹がチェーホフという作家にこだわってきたことは、よくわかる気がする。というのは、時代も場所も異なるものの、チェーホフもまた、男性たちのある種のミソジニー的な欲望の中に、何事かの普遍的な意味合いを見ようとしてきた作家だからだ。

批評家の北村紗衣は「キモくて金のないおっさんの文学論」（『お砂糖とスパイスと爆発的な何か——不真面目な批評家によるフェミニスト批評入門』書肆侃侃房、二〇一九年所収）というエッセイの中で、キモいおじさんたちが登場する文学作品の一つに、ジョン・スタインベックの『二十日鼠と人間』とともに『ワーニャ伯父さん』を挙げている。

『ワーニャ伯父さん』は、典型的な弱者男性論の系譜に属する文学作品であって、この流れが小説『女のいない男たち』や映画『ドライブ・マイ・カー』へも引き継がれてきた、と言える。

アントン・チェーホフ（一八六〇〜一九〇四）は、その仕事の後期に四大劇と称される四つの傑作を残した。『かもめ』（一八九五年）、『ワーニャ伯父さん』（一八九七年）、『三人姉妹』（一九〇〇年）、『桜の園』（一九〇三年）である。『かもめ』の執筆の六年ほど前に、『森の主』（一八八九年）という戯曲が書かれているが、これが改作されて『ワーニャ伯父さん』になった。

『ワーニャ伯父さん』は、現代日本においても依然として、弱者男性について考えるときの重要なフォーマットを与えてくれる。

ここでは、ワーニャ伯父さん／ソーニャ／アーストロフ医師の三人の登場人物のあり方に注目して、『ワーニャ伯父さん』を読んでみよう（翻訳は神西清訳を用いた）。

ワーニャ伯父さんは何に耐えているのか

ワーニャ伯父さんは四七歳である。

かつては明るく、未来への信念をもった青年だった。けれども、領地を維持するための日々の雑務に長い間忙殺され、今では「一生を棒に振っちまったんだ。おれだって、腕もあれば頭もある、男らしい人間なんだ。……もしおれがまともに暮してきたら、ショーペンハウエルにも、ドストエーフスキイにも、なれたかもしれないんだ」という鬱屈した思いを抱えている。

ワーニャの姪にあたるソーニャは、自分が「不器量」であることに劣等感を抱き、そのために愛が成就しないと感じながら、伯父のワーニャと同じく日々の虚しい労働を続けている。

彼らが維持管理する家には、元教授のセレブリャコーフという人物がいる。セレブリャコーフの亡くなった先妻ヴェーラは、ワーニャの妹だ。セレブリャコーフと先妻ヴェーラの間に生まれた娘がソーニャである。そしてセレブリャコーフの現在の妻は、エレーナというとても美しく、不幸な女性だ。

セレブリャコーフ元教授は、痛風で、リュウマチで、頭痛もちで、肝臓肥大症で……と、病気のデパートのような人物である。そしてナチュラルに尊大な人物であり、他人が自分のために尽くすことを何とも思っていない。さらに仕事の面でも女性関係の面でも今までさんざん恵まれてきたのに、自分は不遇で不幸な人間である、と思い込んでいる。

　ワーニャやソーニャは、この男の学問と生活を支えるために、二五年もの間、献身的な労働と不幸な生活を続けてきた。領地を維持し、一文の無駄遣いもせずに金を仕送りし、また夜遅くまで彼の仕事のために参考書の翻訳をしたり、原稿の清書をしたりしてきたのである。

　そしてもう一人の重要人物、アーストロフ医師。彼もまた、基本的には次のような感覚の持ち主である。「この十年のあいだ、わたしは一日《いちんち》だって、のんびりした日はなかった。これじゃ、ふけずにいろというほうが、よっぽど無理だよ。おまけにさ、毎日々々の暮しが、退屈で、ばかばかしくて、鼻もちがならないときている」。「百年、二百年あとから、この世に生れてくる人たちは、今こうして、せっせと開拓者の仕事をしているわれわれのことを、ありがたいと思ってくれるだろうか」。「私は働いている――これはご存じのとおりです。この郡内で、私ほど働く男は一人だってないでしょう。（略）だのに私には、遥か彼方で瞬いてくれる燈火《ともしび》がないのです。私は今ではもう、何ひとつ期待する気持もないいし、人間を愛そうとも思いません」。

すなわちワーニャおじさんと同じような虚無感や徒労感をアーストロフ医師は抱えている。『ワーニャ伯父さん』のプロトタイプ『森の主』では、アーストロフ医師はフルシチョーフという名前で登場しているが、彼こそがタイトルの「森の主」というあだなで呼ばれる聖人的な人物である。これに対し、『ワーニャ伯父さん』のアーストロフ医師は、聖人というよりも世俗的な深い疲れを抱えた人物になっていて、ワーニャとの人間的な親近性が増している。

ただし、こうした虚無感と徒労感を分かち持っているにもかかわらず、アーストロフ医師は、貧しい農民たちの病気や伝染病の治療のために奔走したり、古い森が根絶やしにならないように新しく植林をして、未来世代に希望を託すための活動に従事したりしている。そこがアーストロフとワーニャの似て非なる点である。

アーストロフ医師は次のように言う。「こうしたことは実際のところ、正気の沙汰《さた》じゃないかもしれん。しかしね、僕のおかげで、伐採の憂目《うきめ》をまぬかれた、百姓たちの森のそばを通りかかったり、自分の手で植えつけた若木の林が、ざわざわ鳴るのを聞いたりすると、僕もようやく、風土というものが多少とも、おれの力で左右できるのだということに、思い当るのだ。そして、もし千年ののち人間が仕合せになれるものとすれば、僕の力も幾分はそこらに働いているわけなのだと、そんな気がしてくるのだ。白樺《しらかば》の若木を自分で植えつけて、それがやがて青々と繁《しげ》って、風に揺られているのを見ると、僕の胸は思わずふくらむのだ」。

こうしたアーストロフの理想主義に、ワーニャは疑いの目を差し向け、たびたび皮肉めいた言葉を口にする。

『ワーニャ叔父さん』では、後期のチェーホフが試行錯誤の中で形にし、結晶化していった人間の人生の三つの道が、原型的なトライアングルを形作っている。

（1）日々の仕事の虚しさを自覚しながらも、貧しい人や困窮した人のため、あるいは人類の未来のために努力し続ける、というアーストロフ医師の道（ニヒリズムを経た理想主義）。

（2）たとえこの地上では幸福になれずとも、神様のことを信じ、天国での慰めを信じてつらい人生を生きぬく、というソーニャの道（信仰や悟りによる救済）。

（3）ただひたすら虚しく労働し、愛も慰めも救済もない人生に耐え続ける、というワーニャの道（無駄な仕事による忍耐）。

たんなる徒労と見まがうほどの過労を感じつつも、アーストロフ医師には、医師としてのまっとうな使命があり、環境保護活動などの理想主義的な信念がある。

他方でソーニャには、神さまに対する純粋な信仰があり、あるいは後述するように『三人姉妹』『桜の園』へと続くシスターフッドの予兆がある。

そうした二人に比べてワーニャには、人類に対する使命感もなく、神さまに対する信仰心もない。ワーニャが弱者男性／インセルの原型であるゆえんだ。彼の前にはただ空虚で不毛な仕事だけがある。そして誰とも分かち合えない「つらさ」があるばかりだ。

《自分の一生はもう駄目だ、取返しがつかない、という考えが、まるで主《ぬし》か魔物のように、よる昼たえまなしに、僕の胸におっかぶさっているのです。過ぎ去った日の、思い出もない。くだらんことに、のめのめと浪費してしまったからです。じゃ現在はどうかと言うと、いやはやなんともはや、なっちゃいない。これでも僕は生きているつもりです。これでも僕は、人間らしい愛情を持っているつもりです。だがそれを、一体どうしたらいいいんです？》

アーストロフ医師やソーニャの道よりも、ワーニャの道の方が過酷であり不幸である、ワーニャこそが真の犠牲者である、という意味ではない。たとえばセレブリャコーフ元教授たちがやってきてから、ワーニャは労働の負担を姪のソーニャに丸投げしている。男女のこの非対称性を忘れてはならないだろう。またソーニャが感じる「不器量」という美醜の問題をワーニャが感じずにすんでいることも無視できない。

女性たちのシスターフッド、男性たちの連帯の不可能

しかしここで重要なのは、根本的にアーストロフ医師やソーニャの道とすらワーニャの道が交わりえない、という一点である。そのニヒリズムの近さや共鳴性にもかかわら

ず、彼らはついに連帯も共闘もできないのだ。

チェーホフの四大戯曲には、中途半端な才能しかなく、愛する女性からは愛されず、不毛で無駄な仕事に没入するしかないタイプの男性たちの系譜がある（『かもめ』のトレープレフは自殺し、『ワーニャ伯父さん』のワーニャは不毛な労働に従事し、『三人姉妹』のアンドレイは不幸な結婚で自分を騙し、『桜の園』の禿げた大学生ペーチャはロシアの未来について語るものの、かなりうさんくさい男である）。

あるいは、アーストロフ医師の魂と共鳴するのは、『三人姉妹』のヴェルシーニン中佐だろう（『かもめ』の文人トリゴーリンや『桜の園』の商人ロパーヒンなどは、またタイプが異なる）。

登場人物たちの会話は対話というより独白に近く、人々の愛はすれ違いと別ればかりが目立つ（『かもめ』のトレープレフ青年の「新しい形式が必要なんですよ。新形式がいるんで、もしそれがないんなら、いっそ何もないほうがいい」という言葉は有名である）。

『ワーニャ伯父さん』で、ワーニャはエレーナを愛している。ソーニャはアーストロフ医師を愛している。アーストロフ医師はエレーナを愛している。エレーナも年老いて愚痴ばかりの夫にうんざりし、やがてアーストロフ医師に心を寄せる（『森の主』では、アーストロフの前身フルシチョーフとソーニャは空回りのすれ違いを続けた後、最終的には相思相愛の仲となるのだが）。

つまり、恋愛面でも、ワーニャとソーニャは報われることがない。

ワーニャよりもソーニャの方が過酷であるとすれば、すでに言及したように、それは女性たちが置かれた社会的な位置に関わるだろう。『ワーニャ伯父さん』では、不器量なソーニャと美しいエレーナの女性間格差がはっきりと対照的に配置されている。

ソーニャは自らの見た目の不器量さに一貫して苦しみ、こう呟く。「ああ厭だ厭だ、どうして不器量に生れついたんだろう！　ほんとに厭だこと！　しかも私は、自分の不器量さかげんをよく知っているわ、ようく知っているわ。……こないだの日曜、わたしが教会から出てきたら、みんなで噂《うわさ》をしているのが聞えたっけ。『あのかたは親切で、優しい人だけれど、惜しいことに器量がね』って……不器量……不器量……不器量……」。

ただし重要なのは、にもかかわらず、不器量なソーニャと義理の母の美しいエレーナの間に、お互いの不幸を介して、ある種のシスターフッド的な友愛が生まれかけていることだ（映画『ドライブ・マイ・カー』でも、奇蹟的な何かの訪れを予感させるものとして、公園での芝居の練習中にソーニャとエレーナの間に姉妹愛的な関係が兆すシーンが印象深く描かれていた）。

エレーナは、美人で多くの男から愛されるが、自分は所詮は男たちの「添え物」であり、「不仕合せ」だと感じている。

その点で、『かもめ』のニーナの女優としての孤独は誰とも繋がりえないのに対し、『ワーニャ伯父さん』のソーニャの孤独は、新たな絆の光を与えられている。そしてその後の『三人姉妹』の文字通り三人姉妹たちの関係、あるいは『桜の園』の女地主・娘・養女の「三人姉妹」的な絆へと、ソーニャとエレーナの姉妹愛的な関係は展開されていく。

他方でアーストロフ医師はワーニャに共感しているものの、二人の関係はブラザーフッドとまではいかず、「男友達のいない男たち」の域を出ない。こうした男性たちの連帯不可能性、ブラザーフッドなき男たちの孤独は、『かもめ』『三人姉妹』『桜の園』の人間関係にも当てはまる。

誰も殺さず、女性を憎まず、自殺もしないという倫理

『ワーニャ伯父さん』の第三幕には、大きな展開がある。

ワーニャたちにさんざん仕送りや手伝いをやらせてきたセレブリャコーフ元教授が、自分の人生に行き詰まり、この家を売って、そのお金でフィンランド辺りに引っ越したい、と突然言い出すのだ。

そうなるとワーニャやソーニャは住む場所を失い、路頭に迷うはめになる。しかし、無神経で傲慢なセレブリャコーフは、自分の都合しか考えず、彼らの生活事情に気づきもしない（そもそもこの土地は、ワーニャの亡くなった父から妹へ、そして妹からソーニャへと相続されたものであり、セレブリャコーフの所有物ですらない）。ある意味で彼は、労働者や農民を搾取し続けるというレント社会（土地などの所有者が一方的に利益を得る社会）の資本家の象徴である。

それを聞いたワーニャはついに激怒する。「僕は大好きな妹のためを思って、この土地の相続権を放棄したんだ。さもなければ、この土地は結局、こうして内のものにはならなかったはずだ。いや、それればかりじゃない、僕はこの十年というもの、まるで牡牛《おうし》みたいに汗水たらして、その借金をきれいに済《な》したんだ（略）この土地の借金がきれいに片づいて、おまけにちゃんとここまで、無事に持ってこれたのは、ひとえにこの僕という人間一個の努力の賜物《たまもの》なんだ。それを今さら、こんなに年を取ってしまった僕の首根っこをつらまえて、表へ抛《ほう》り出そうというんだ！」「この二十五年のあいだ、僕はこの土地の差配をして、汗水たらして、せっせと君に金を送ってやった。こんな真正直な番頭が、どこの世界にあるものか。だのにあんたは、その間じゅうありがとうの一言《ひとこと》も、僕に言ったためしがないじゃないか。その間じゅう、若い頃も年とった今も、僕はあんたから、年額五百ルーブリ也《なり》の、乞食《こじき》も同然の捨扶持《すてぶち》を、ありがたく頂戴《ちょうだい》しているにすぎないんだ。――しかもあんたは、ただの一ルーブリだって、上げてやろうと言ったことがないんだ！」

この意味で、ワーニャにとってセレブリャコーフ元教授は「不倶戴天の敵」である。「君は、僕の一生を台なしにしちまったんだ！　この年まで僕は、生活を味わったことがない、生活をね！」

　そして、罪の意識も加害者意識もなく、あいかわらず被害者意識に染まったままおろおろする元教授を、ワーニャはピストルで撃とうとする――が、それに失敗する。二発撃つが、弾丸はセレブリャコーフに命中しない。

　ここで重要なのは、自分の労働や生活を長年搾取してきたセレブリャコーフ元教授を結果的に――たまたま外れたのか、そもそも当てる気が最初からなかったのかはわからない――ワーニャが殺さなかった、という事実である（チェーホフがサハリンへの旅のあとに書いた中編『決闘』において、肝心な決闘の場面でついに死が訪れず、物語の関節が外れてしまったように）。そして自分を決して愛さないエレーナも、彼は殺さなかった。

　それだけではなく、ワーニャは最後まで自死も選ばなかった。最後に彼は、自殺用のモルヒネの壜をアーストロフ医師におとなしく返すのである。

『ワーニャ伯父さん』のプロトタイプ的な戯曲作品『森の主』では、ワーニャ＝ジョルジョ伯父さんが自殺し、それを一つの触媒として、他の登場人物たちは一定の緩やかな幸福に至っていく。

あるいは、戯曲『イワーノフ』ではイワーノフがハムレット的な苦悩の果てに自殺し、『かもめ』ではトレープレフ青年が唐突に自殺することで、クライマックスとして作品に幕が降りる。しかし、殺人による悲劇や自殺による救済すらも、ワーニャには、もはや与えられていないのである。

弱者男性の象徴とも言えるワーニャには、女性に対する恨み、嫉み、憎しみがあったはずだ。

一〇年前、若きエレーナにすでにワーニャは会っており（そのとき彼女は一七歳、彼は三七歳だった）、「なんだっておれはあの時、あの人に恋して、さっさと結婚を申込まなかったのだろう。造作もなかったのになあ！」と後悔している。もちろん、これは「キモいおじさん」の典型的な思考回路でしかない。そんなに都合よく事が運んだはずがない。

ちなみに、『ワーニャ伯父さん』の「おじさん」的な非モテ意識を容赦なく突きつめたのが、次の戯曲『三人姉妹』である。そこではオーリガ、マーシャ、イリーナの三姉妹は、各々不幸ではあるものの、文字通りシスターフッド的な絆を作り出すことができる。

しかし彼女たちの兄であるアンドレイはと言えば、そうではない。若い頃、彼は才能ある青年だったが、大学教授になれず、醜く太り、今ではナターシャという性悪女に仕えながら、借金し、老い衰え、それでも自分は幸福であり彼女は素晴らしい女性だ、と強がるしかないのである。

さらに『三人姉妹』で、アーストロフ医師の転生と言うべきヴェルシーニン中佐は、メンタルを病んだ妻（毒を飲んで狂言自殺などを繰り返す）との関係に苦しんでいる。トゥーゼンバフ男爵という醜男の道化的なニヒリストに至っては、三女イリーナに結婚を申し込むものの、最後に決闘であっけなく死んでしまう。

つまり、『三人姉妹』では、女性による救済や、男性同士の連帯という道が徹底的に封じられているのだ。残酷で冷酷なまでに禁じられている。

真のインセルとしてのワーニャ伯父さん――。

ワーニャは誰も殺さず、女性を憎まず、自死しなかった。いや、それだけではない。「不倶戴天の敵」であるセレブリャコーフ元教授をも赦し、ワーニャはすべてを「水に流す」

のである。別れの場面で二人はこんな会話を交わす。

セレブリャコーフ「わたしは喜んで君の詫《わ》び言葉を受入れます。と同時に、こちらからも厚くお詫びを申述べたい。ではご機嫌よう！」

ワーニャ「この先も月々の仕送りは、ちゃんと今までどおりにしますよ。何もかも水に流してね」。

救済も解脱もない忍耐こそが弱者男性の尊厳である

「令和のテロリスト」たちは、子どもや障害者や女性など、自分より社会的に弱い（とされる）者たちを刺したり、火をつけたりした。

映画『ジョーカー』のアーサーは、銃を「下」にではなく「上」に向け、資本主義の権化と思われる男たちを殺害した。

一方、ワーニャは、その攻撃性を「下」（エレーナ）にも「上」（セレブリャコーフ）

にも向けなかった。あるいはまた、自分にも向けなかった。

では、彼はそのインセル的な情動と怒りをどこへ差し向けたのか。

ワーニャはアーストロフ医師の前で嘆く――「(両手で顔をおおう) 恥ずかしい! この僕の恥ずかしさが、君にわかってもらえたらなあ! 恥ずかしい、まったく恥ずかしい。(やるせない声で) ああ、たまらない! (テーブルにうなだれる) 一体どうしたらいいんだ。どうしたら」「どうにかしてくれ! ああ、やりきれん。……僕はもう四十七だ。仮に、六十まで生きるとすると、まだあと十三年ある。長いなあ! その十三年を、僕はどう生きていけばいいんだ。どんなことをして、その日その日をうずめていったらいいんだ。ねえ、君……(ぐいと相手の手を握って) わかるかい、せめてこの余生を、何か今までと違ったやり口で、送れたらなあ。きれいに晴れわたった、しんとした朝、目がさめて、さあこれから新規蒔直《まきなお》しだ、過ぎたことはいっさい忘れた、煙みたいに消えてしまった、と思うことができたらなあ。(泣く) 君、教えてくれ、一体どうしたら、新規蒔直しになるんだ。……どうしたらいいんだ。……」

真のインセルとしてのワーニャは、「正しく傷つく」より前に、おのれの人生にまっとうに絶望しなければならなかった。

そして忍耐しなければならなかった。

無意味で虚しい仕事をひたすら続けること、彼の人生に残された道は、もはやそれくらいしかなかったのである。

アーストロフ医師は、過労とニヒリズムの中でも、自分の仕事と努力が未来の誰かを生かすかもしれない、というかすかな希望を見失わない。しかしワーニャの前にうずたかく積み上がる仕事は、ただ虚しく、無意味な代物である。それは決して誰のことをも生かさない。

自分の「つらさ」を誰かが分かってくれたら、とくりかえしワーニャはつぶやく。これは、自分は一方的な被害者であり犠牲者だ、と言っているのとは少し違う。ただ彼は「つらい」のだ。

他殺にも自殺にも逃げ込めず、忍耐しているのだ。そこには宗教的な救いもない。仏教的な悟りもない。

ワーニャに為しうるのは、いわば「救済なき日々の努力」であり、「解脱なき忍耐」

である。

ニセの「敵」と戦ったり、殺人を欲望するのでは、まだ人生に何かの「意味」を望んでしまっている。

しかし、それらすべてを拒んで、行き場のない苦痛、使い道のない絶望を守り抜くことが——男らしさ＝プライドではなく——ワーニャという弱者男性にとってのかすかな尊厳となり、唯一無二の存在証明になる。

『ワーニャ伯父さん』の最後、ソーニャはワーニャにこう語りかける。映画『ドライブ・マイ・カー』でも最後に演じられた有名なシーンである。

《ね、ワーニャ伯父さん、生きていきましょうよ。長い、はてしないその日その日を、いつ明けるとも知れない夜また夜を、じっと生き通していきましょうね。運命がわたしたちにくだす試みを、辛抱づよく、じっとこらえて行きましょうね。今のうちも、やがて年をとってからも、片時も休まずに、人のために働きましょうね。そして、やがてその時が来たら、素直に死んで行きましょうね。あの世へ行ったら、どんなに私たちが苦しかったか、どんなに涙を流したか、どんなにつらい一生を送って来たか、それを残らず申上げましょうね。すると神さまは、まあ気の毒に、と思ってくださる。その時こそ伯父さん、ねえ伯父さん、あなたにも私にも、明るい、すばらしい、なんとも言えない生活がひらけて、まあ嬉《うれ》しい！　と、思わず声をあげるのよ。そして現在の不仕合せな暮しを、なつかしく、ほほえましく振返って、私たち——ほっと息がつけるんだわ。わたし、ほんとにそう思うの、伯父さん。心底から、燃えるように、焼けつくように、私そう思うの。》

重要なのは、ここに至っても、ソーニャとワーニャの間にはっきりとした共感も連帯も生じていない、という冷酷な事実である。

ソーニャはワーニャの涙をハンカチでぬぐい、抱きしめる。しかし、若い女性のソーニャが中年男のワーニャをケアし癒す、というのでもない。むしろ二人の間の距離と断絶が、ワーニャの「つらさ」をいっそう際立たせるのだ。

くりかえすがソーニャよりもワーニャの方が不幸で不運だ、という話ではない。ただ、ソーニャには神さまと天国への信仰がある。またソーニャ（たち）の未来には姉妹愛の予兆がある。

ワーニャにそういうものは一切ない。ただそれだけの話だ。

だからワーニャは、ひたすら手を動かし、つぶやき続ける。「早く働こうじゃないか、一刻も早く、何か始めようじゃないか。さもないと、とてもこのままじゃ堪《たま》らない……とても駄目だ……」「つらいんだよ。さ、一刻も早く何かしなくちゃ。……仕事だ、仕事だ！」「そう、仕事だ、仕事だ。……」

誰をも殺さず、自分をも殺さず、現在と未来の誰のためにもならない無益で無駄な仕事を、死が訪れるその日まで、ひたすらに続けること。

それこそが本当の意味での人生の「無駄」であり、ラディカルな忍耐であり、鬱々としたつまらないこの生に最後まで殉ずることである。

弱者男性としての尊厳をもって……。

自殺しないのは生きるのに意味があるからではなく、自殺の労をとるのは無駄だから だ――とするならば、他人を殺さないのは、他人の命が大切だとか、他人の人生に価値があるからではなく、他人を殺すなんて無駄なことだからだ、自殺が無駄であるのと同じく、である。

そんな消極的な意味しかそこにはない。

そして、それでいいのである。

あらゆる救済からも承認からも見放されて、「つらさ」の中に留まり続けること、それがそのまま、男のプライドならぬ、弱者男性たちの尊厳（dignity）になるだろう。

dignity of Incel――弱者男性の尊厳。

たとえ愛もなく、誰からの承認もなく、セルフケアもなく、男性同士の兄弟愛もなくても、それでも「ただの生」（アガンベン）をまっとうすること。

女性や社会的弱者を憎むのではなく、あるいは承認欲求をこじらせてダークヒーローになるのでもなく、ワーニャ伯父さんのような小さな、それゆえ偉大な尊厳を守り抜こうではないか。

いつかは誰かに承認され愛されるかもしれないとか、気心の知れた仲間たちと趣味によって楽しく平和的に生きられるとか、そんなありもしない希望を夢見て、自分の現実をごまかすことは、もう、やめよう。

ただたんにつまらないこの仕事を、この人生を、愛されもせず愛しもせず、殺さず殺されず、死なず死なせず、最後までまっとうしよう。

そこにも尊厳はある。そうだ、きっと、ニヒリズムを受け止めつつそれを内側から超えていく「たんなる生」の尊厳がある。あるはずだ。あらねばならない。

前章ですでに述べたように、必要なのは、間違った「ニセの敵」を憎んで戦うことではない。

大事なのは、本当の構造的な「敵対性」を探して戦い続ける意志を持つことだ（インセルレフトの道）。

しかし、もしもそれすらも叶わないならば、この完全に無駄な、つまらない人生をひたすら忍耐し続けることである。

間違った敵を決して憎みも殺しもしないこと、それもまた、弱者男性としてのささやかな尊厳を守り続けることなのだ。

この人生を、真の意味での「虚無への供物」（中井英夫）と化してみせることである。

それもまた、インセルとしての内なる「悪」――村上春樹の『女のいない男たち』にかいま見えたあの「悪」――との対峙の方法であり、勇敢な戦い方の一つなのではないだろうか。

第5章　このつまらない生のために

個人的な思いを最後に書き残しておきたい。

いつ頃からか、おれは慢性的な鬱状態にあった。半日ほど仕事をすると、心も体も動かなくなり、その後の一日半は眠り続けるか、だらだら横になってしまう。

そうした虚しい生活をもう何年も続けてきた。

数年前に心療内科にも一時期通ったが、処方される薬がどうしても体に合わず、長続きしなかった。

それでも、生活費をかせぐために、動かない心身を騙し騙し、行けるところまで、働き続けるしかなかった。日々の労働がどんなに虚しく、生活がいかにつまらなく、無意味であるとしても。

こんな最低最悪の鬱々とした人生から、いつか、いつの日か、抜け出せるはずだ……新規蒔き直しがあるはずだ……そうした期待や希望もとっくになくなって、すりつぶされて消えてしまっていた。

すっかり心も体も擦り切れている。くたびれている。

心と体ばかりではなく、魂が。

ワーニャは「僕はもう四十七だ。仮に、六十まで生きるとすると、まだあと十三年ある。長いなあ！　その十三年を、僕はどう生きていけばいいんだ」と嘆いていたが、このおれの余生、「おまけの一生」（大槻ケンヂ）、残りものの人生もまた、きっと、ずっと「つらい」ものなんだろう、鬱々としたままなんだろう。さわやかで健康的な朝日を見る日なんて、生まれ変わりや新規蒔き直しの日なんて、永遠に来ないんだろう。

そう感じるようになってから、さらにまた、ずいぶん時間が過ぎた。さらにまた……。それでも、おれはなお、何かを諦めずにいたかった。

精神を病んだり鬱病になった者は幸福になれないとか、なんの社会的な生産性もないとか、現実を変えられないとか、いったい誰がそんなことを決めたのか。決めつけてきたのか。

鬱々とした精神に潜在する力。何らかの、力なき力。無力の力。そんなものがあるはずだ……。あるいは……。

確かにこれは、すべてが取り返しがつかない、といういわゆる「祭りの後」（精神科医の木村敏がいう「ポスト・フェストゥム」）の人生なのかもしれない。しかし逆にいえばそれは、すべてが「後の祭り」(いい言葉だ)である、という虚脱感と幸福感が入り混じった状態が、これからもだらだらと、延々と続いていきうるということではないのか。

たとえば「こんな世界に生まれてこなければよかった」と主張する反出生主義者たちは、いっけん不思議なことに、自分が結局は死を決断しないため、自死しない理由を、延々と、言い訳っぽくオシャベリしながら、この世界の何もかもに毒づきながら、だらだらと長生きしていく——それは疑いもなく、いいことであり、すばらしいことだ。

あるいは、SF的な暗黒の神々が訪れて人類が滅亡し、宇宙が死滅する日について楽しそうに戯言《たわごと》を口にし続ける「暗黒啓蒙」の信徒たちの多くが、きわめて「人間的」な俗っぽい人々であり、卑小で凡庸な物の考え方をしがちであること——それもまた、いいことであり、すばらしいことだ。

鬱病で自死した思想家のマーク・フィッシャーは、人類には現在のような資本主義のあり方を強化するしかないと信じ込んでしまうこと——「現実的」な選択肢は「これしかない」と信じ込んで、異論や他の選択肢の可能性を封じてしまうこと——、そのような感覚を「資本主義リアリズム」と呼んだ。

この世界では、もう、グローバルな資本主義の力だけがリアルなのだ。文化や芸術の領域ですら、人々はそういうニヒリズムと無力感をどうにもできない（『資本主義リアリズム』『わが人生の幽霊たち』）。

こうした資本主義の「もう変わりようがない」というリアルとは、鬱病者たちの「すべては後の祭りだ、何もかもが手遅れだ」というリアルとも重なっている。

フィッシャーは、現代人を根底的に支配している気分を「鬱病的快楽主義」と呼んだ。何の快楽や悦楽も感じられない、というのではない。日々の娯楽や情報から快楽を得ること、快楽を得ては鬱的な状態に落ち込むこと、それを繰り返すよりほかに何もできない、という依存症的で双極的な無力さのことを言っているのだ。

本当は、こうした無力な不全感は、日々の快楽以外の何かによって乗り越えるしかないのだが、鬱病的快楽主義にとらわれた人々は、そうした別の道の可能性を想像することすらできなくなっている。

しかしまさにそれゆえに、鬱病や依存症、ある種の発達障害などをふくむ広義のメンタルヘルスの問題が現代においては重要なのだ、とフィッシャーは言う。現代的な資本主義が学生や労働者たちに強いる葛藤や矛盾を、それらの病は、何よりも痙攣的に象徴するものなのである。

メンタルヘルスの存在こそが現代社会を変革するための鍵である。こうした問いは、おそらく、本書で述べてきた弱者男性たちのリアルとも関わるものだろう。

いつごろからか、おれは、根本的に勘違いをしてきたらしい。人生は楽しくあるべきだ、いつでも面白くあらねばならない……そう思い込んでしまっていた。生きることが楽しくも面白くも感じられないとすれば、それは自分の生き方がどこかで根本的に間違っているからだ、と。

しかし、そうした焦燥や罪悪感こそが、大いなる誤解であり、危うい錯覚ではなかったか。

生きることはそもそもつまらないことだ。

何かが欠けているとか、何かから疎外されているから楽しくない、面白くない、というのではない。

ただたんに、単純に、つまらない。

わざわざ死にたい、生きていたくない、と考えるまでもない。人生なんて退屈だ、というのは高踏的すぎるし、カッコつけている。生まれつきの、意味も理由もなく、ただたんにつまらない、この生。誰に頼んだわけでもなく、生まれてしまったから、死ぬまで生きるしかない、そういう生。

破壊的な性格の人間が生きているのは、人生が生きるにあたいすると考えているからではない。たんに自殺の労をとるのはむだだ、という感情からである。思想家のベンヤミンはそのように述べた（「破壊的性格」）。

思えばおれは、美味しい店を知らない。酒の味がわからない。音楽はほぼ聴かない。美術やアートにも関心がない。映画館に通わない。ゲームもやらない。テレビも基本みない。ネット文化に関心がない。ギャンブルにも性風俗にも行ったことがない。遊ぶ友達がいない。趣味がない。ごく限られたマンガや映画、小説を愛好するだけだ。あとは雑務のような虚しい仕事をするか、延々と眠り続けるか。それくらいしかやることがない。現在は物書きを仕事にしているにもかかわらず、どうしようもないほどの、圧倒的な文化的貧しさを感じている。

しかし——たとえ才能も、実力も、承認も、喜びも、何より天命もなくても、おれたちは淡々と、粛々と、早くも遅くもなく、多すぎも少なすぎもせず、ルーチンワークのように仕事をやり続けてよいのだ。

死ぬまでの間はどんなに虚しくても歩み続けてよいのだ。

そしてその索漠とした歩みこそが、それだけが、このおれにとってのこの世界に対する感謝の表し方なのだ。

そして尊厳なのだ。

そのような「たんなる生」、つまらない生を生きる人間が、べつに必ず利己的であるわけでもない。利他的でもありうるのだ。ただ、無理に幸せを感じたり、自己啓発したり、アッパーなふりをする必要はない、というだけのことである。「あの人たちに比べれば自分はマシだから、人生がつまらないと感じるなんて罪深いことだ」と感じる必要もない。

では、ただたんにつまらない生のまま、利他的であろうとするとは、どういうことか。文化的に虚しく貧しい者たちが、それでも、社会変革的であろうとするとは、何を意味するか。

確かに世の男性たちにはセルフケアが必要である。非暴力的なホモソーシャルな友情や趣味のシェアも必要である。しかし、それらのケア的な関係だけでは足りない。友情だけでも足りない。

そうだ、おれたちに必要なのは、現代社会の中で弱者男性たちの置かれた状況に、ちゃんと絶望することだ。そのような絶望の上に立って、その先には二つの道がある、と今の自分は考えている。あとは、各自の実存的な決断の問題になるだろう。

一方には、この無駄な生を最後まで生き抜く、「労働」し続ける、「たんなる生」をまっとうする、という尊厳がある。他方には、無駄を強いる社会に対する（ニセの敵に対する憎悪ではなく）怒りがあり、社会変革への実践がある。

前者は、どんなに虚しくても日々の仕事に専念し続けること、それを他者や自分への暴力に転じないことである。これは第4章で述べたワーニャ伯父さんの道であり、「インセルの品格」ともいうべき非暴力的な道である。

後者は、弱者男性が強いられた屈辱に直面し、「絶望する勇気」（ジジェク）を持つことによって、この社会に対する怒りを点火させることである。これは、第4章の最後に述べたインセルレフト（左派インセル）の道である。『ワーニャ伯父さん』で言えば、アーストロフの道に近い。

きっと弱者男性たちには両方の道を同時に、ジグザグに、矛盾したまま生きるような生き方、生の姿勢が必要なのだろう。

たとえば、完全にアーストロフの道（インセルレフト）を行くことはできない、とする。ニヒリズムを抱えたまま理想主義的に社会を変えようとする道、そうした道を行くことはできない。

とすれば、あとは基本的には、自分の生活を持ち堪《こた》えること、誰も殺さず憎まず、自分を殺すこともなく、平和的に静かに滅びていくこと、虚しい生をまっとうすること、もはやこのおれに残されているのはそれだけである——誰かを憎んだり、暴力的に火をつける、という道を選ばないのであれば。

しかし、それでも時として、どうにもならない羞恥と屈辱がこみあげてくる。こんなもののために生まれてきたんじゃない、と。

そのときにこそ、自己否定へと向かいがちな恥ずかしさと屈辱を、社会的な怒りにとってかえてみせることである。べつに社会運動をするべきだという話ではない。考えるより行動しろ、という話でもない。

自分の中の屈辱と怒りを、公的な場で小さな言葉にしてみること。ほんのわずかでも、自分のため、他人のために、この社会が変わっていくのを祈りながら、何かを試みることである。そのために闘争することだ。

今のおれの中には、そうした分裂した二重の気持ちがあり、二つの道がある。それらの気持ちは矛盾している。しかし、当面は、それらの矛盾と戸惑い、失語の中に留まり続けることにしよう。

そうした矛盾に引き裂かれながら、おれたちはこのつまらない生を生きていこう。人は「死ぬまで生きれる」（奥田民生）のだから。

生き抜いて死が訪れるその日まで、どんなに「長いなあ！」という気持ちを抑えられずとも、残り物のような、余生のような、理由も意味もなくつまらないこの生を生き延びていくことにしようではないか！

あとがき

この本は弱者男性についてのエッセイとして書きました。

本文の中で、私は、男性たちの暴力や鬱屈や怒りをめぐる不穏な事柄について、色々と書いています。けれども私は、実人生としては、基本的には次のようなことを考えています。

冴えない、裕福でもない、特別な才能もない平凡な中年男性として、どうすれば、だらだら、のんびり、無理しすぎず、そこそこ楽しく、そこそこ幸福に生きて死んでいけるのか。

ありふれた生活者の一人として、そんなことばかりをぼんやりと考え、願いながら、日々を生きてきました。きっとこれからもそうでしょう。

大した輝きも冴えたところもなく、地道で地味な人生だけれども、日々様々な弱さや愚かさに苦しみ、駄目さに悩まされ続ける鈍い人生だけれども――あるいは時として「正規」からこぼれ落ちてしまう不安定な人生だけれども――、それでもそこそこ楽しく、面白く、そこそこ他人に優しくして、生きて死んでいきたい。

そういうことを日々ささやかに願いながら、なるべく一生懸命生きようとしています。もちろんたまには怠けたり、だらけたり、恥をさらしたりしながら。

現在の男性たちには、案外、そのようなありふれた生き方のモデル、低く鈍く冴えない人生を幸福に生きていくというモデルがないのではないか。

そんなことが何となく気にかかったりもしてきました。

極端にマッチョな「男らしさ」だったり、家父長制的な意味での父親像だったり、自己啓発的に勝ち抜けるような男性像だったり、リベラルでスマートすぎる男性像だったり……そのような「男」の人生のモデルはあるけれども、それ以外にもいろんな選択肢や「物語」があってもいい。モデルはもっとずっといろいろあってもいい。そう思ってきました。

あるいは、光の当たらないささやかな中高年男性たちが集まって楽しく過ごせる。本心を語り合ったり、お互いにケアしたり、弱さをシェアしたりできる。そうした男性同士の（ホモソーシャルでもブラザーフッドでもないような）関係性も、もっとたくさんあっていいのではないか。そのようにも感じてきました。

本文でも書きましたように、男性たちはしばしば、「男らしさという鎧」の中に、傷付いた心を隠しているようです。

必要なケア、手当てを欠いたままにすれば、男性たちはそうした「男の傷」を周囲の「女」（妻だったり母だったり若い女性だったりする）に癒してもらうことを期待したり、あるいは無意識のうちに強要してしまったりするでしょう。

日々の適切なセルフケアの訓練や練習をしておくことは、セルフネグレクト状態に陥ったり、溜め込まれた感情を暴発させたり、他者や自分へ暴力的な攻撃を行ってしまったりすることを避けるためにも、大切なことではないか。

日常的なコミュニケーションの中で、正直な感情や不安を小出しにしたり、部分的にガス抜きできるような、浅くも深くもない関係性の積み重ねが大事なのかもしれません。

つまり、自分の中の痛みや傷の部分的＝小出し的なシェアリングを日常的に行っていくこと、「男」としての生活のあり方をこまめにメンテナンスしていくことです。

人前で涙を見せられること、自分の弱さを受け入れられること、「男らしく」我慢なんかせずに、嫌なものは嫌だ、つらいものはつらい、と他者の前ではっきり口にできること。

そういう素朴なことが案外大事なのではないか。

低く鈍く冴えないけれども、かけがえのないこの人生を幸福に送っていくためにも、傷や弱さを押し殺さずに抱きとめられる男性の生き方を、少しずつ、日常的に、実践的に試行錯誤していきたい。

その時にこそ、時々は、社会的な問題について考えていけるように。何らかの行動ができるように。

そんなことも思っています。

本書が皆さんにとっても、何らかのヒントになれば嬉しく思うのですが。本書の各章の内容は、明らかに、互いに矛盾したり、分裂したりしていますが、それらの分裂や矛盾の中に、今の弱者男性たちの引き裂かれた状況がいくばくか反映されているかもしれません。

＊

以下は補足です。

私は以前から、男性問題についての三部作を構想していました。

第一作が『非モテの品格——男にとって「弱さ」とは何か』（集英社新書、二〇一六年）、第二作が『マジョリティ男性にとってまっとうさとは何か——#MeTooに加われない男たち』（同、二〇二一年）としてすでに世に出ています。

現在は、第三作となる長い本を気長に書いています。本書はこれらの三部作の、いわゆるスピンオフ的な一冊であると言えそうです。

前著『マジョリティ男性にとってまっとうさとは何か』では（あえて）優等生的な、教科書的な書き方をしてみたのですが、その反動として、自分の中の「男」としての「闇」や「地下室」や「底辺」の部分を表現したい、それを無視できない、という気持ちが自然に強くなってきました。

本書の元になったのは、二〇二一年四月二七日に「文春オンライン」に掲載された弱者男性についてのエッセイです。それを読んだワニブックスの内田克弥さんから声をかけて頂き、本書は書かれました。ありがたいことです。

（なお、本書のゲラに最後の手を入れているとき、安倍晋三元首相の暗殺事件が起こり、さらにその後、容疑者の男性がツイッターで、「文春オンライン」の私の「弱者男性」論についての感想を記している事実を知りました。本書の内容と事件が響き合う点も含め、複雑な衝撃を受けたことを記しておきます）

第4章で濱口竜介の映画『ドライブ・マイ・カー』について、また村上春樹の小説『女のいない男たち』について書いた部分は、「現代ビジネス」（講談社）に掲載したエッセイが元になっています。現代ビジネスの編集者、丸尾宗一郎さんにも感謝します。

本書を書くにあたって、著者としては初の試みとして、少しでも分かりやすい文章になるように、若い友人の藤原侑貴君の力を借りました。彼の力なしでは完成にいたらなかったと思われます。これもありがたいことでした。とはいえもちろんすべての文責は杉田本人にあります。

杉田俊介

男がつらい！
―資本主義社会の「弱者男性」論―

著者　杉田俊介

２０２２年10月25日　初版発行

杉田俊介（すぎた しゅんすけ）
１９７５年生まれ。批評家。自らのフリーター経験をもとに『フリーターにとって「自由」とは何か』（人文書院）を刊行するなど、ロスジェネ論壇に関わった。ほかの著書に、『非モテの品格――男にとって「弱さ」とは何か』（集英社新書）、『宮崎駿論』（ＮＨＫ出版）など。『対抗言論』編集委員、「すばるクリティーク賞」選考委員も務める。

発行者　横内正昭
発行所　株式会社ワニブックス
〒１５０－８４８２
東京都渋谷区恵比寿４－４－９えびす大黒ビル
電話　０３－５４４９－２７１１（代表）
０３－５４４９－２７３４（編集部）

装丁　小口翔平＋後藤司（tobufune）
フォーマット　橋田浩志（アティック）
執筆協力　藤原侑貴
編集協力　水谷洋子／山田泰造（コンセプト21）
校正　玄冬書林
編集　内田克弥（ワニブックス）

印刷所　凸版印刷株式会社
ＤＴＰ　株式会社 三協美術
製本所　ナショナル製本

ISBN 978-4-8470-6677-1
ワニブックスHP　http://www.wani.co.jp/
WANI BOOKOUT　http://www.wanibookout.com/
WANI BOOKS NewsCrunch　https://wanibooks-newscrunch.com/